컨설팅의
심리학

컨설팅의 심리학
심리와 논리로 상대방을 설득하는 방법!

초판 1쇄 발행 2018년 10월 10일

지 은 이 | **정병익**
기획 편집 총괄 | **호혜정**
편집 | **김정빈**
기획 | **김수하 홍연서**
표지·본문 디자인 | **이선영**
교정교열 | **호혜정 홍연서**
홍보 마케팅 | **최미남 김태현**
펴낸곳 | **리텍 콘텐츠**
출판등록 | **제 2011-000200호**
주소 | **서울시 용산구 원효로 153 원효빌딩 824호**
전화 | **02-2051-0311** 팩스 | **02-6280-0371**
이 메 일 | **ritec1@naver.com**
홈페이지 | **http://www.ritec.co.kr**
페이스북 | 블로그 | 카카오스토리채널 | [책속의 처세]
ISBN | **979-11-86151-15-0 (13320)**

· 이 도서의 국립중앙도서관 출판예정도서목록(CIP)은 서지정보유통지원시스템 홈페이지(http://seoji.nl.go.kr)와 국가자료공동목록시스템(http://www.nl.go.kr/kolisnet)에서 이용하실 수 있습니다.
(CIP제어번호 : CIP2018028716)

심리와 논리로 상대방을 설득하는 방법!

컨설팅의 심리학

정병익 지음

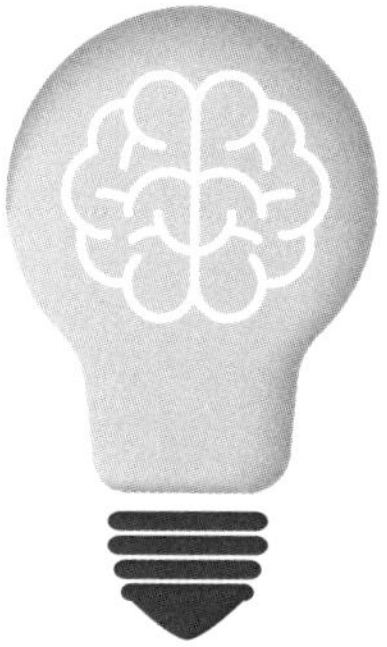

RITEC CONTENTS

| 추천사 |

당신의 서재에 단 한 권의 경영학 서적을 놓아야 한다면 그것은 바로 이 책이다! 전략 컨설턴트, 대기업 전략기획자, 그리고 경영학 교수로서 저자가 경험한 균형 잡힌 경영의 정수를 우리는 이 책에서 누려볼 수 있다.

_삼성전자 경영지원실, 김상명 과장

정병익 교수, 그는 무미건조한 팩트를 달콤한 디저트로 바꾸어놓는 셰프임이 분명하다.

_LG화학, 송민수 책임연구원

컨설팅은 오늘날 복잡한 사회의 다양한 분야에서 사용되는 필수적인 스킬 중 하나이다. 변호사로서, 내 의뢰인의 진정한 의사와 소송상대방의 숨겨둔 심리를 정확히 파악하는 것은 무엇보다 중요한 능력이다. 이 책은 나 같이 컨설팅 개념이 생소한 직업에 근무하는 사람에게도, 피아(彼我)와의 소통과 이해에 관한 값진 조언을 제공한다.

_이해빈 변호사

마케팅 컨설팅을 하러 여러 기업을 들르다 보면, 자신의 분야에서는 내로라하는 클라이언트에게 압도되어 내가 꼭 이야기할 부분을 정확히 전달하지 못하고 아쉽게 돌아설 때가 많다. 이 책은 논리와 감성을 넘나들며 클라이언트의 마음을 열고 소통을 이끌어내는 방법을 다양한 사례를 들어 쉽게 설명하고 있다. 대단하신 클라이언트들 앞에 마주한 그대에게 이 책은 비장의 무기가 될 수 있다.

_다날 엔터테인먼트, 이제형 과장

컨설팅(consulting). 전문가의 영역이라고만 생각되는 분야이지만 저자는 일반 회사원 및 학생들이 컨설팅에 대해 쉽게 이해할 수 있게 설명하고 있다. 이 책은 컨설팅의 베이직을 설명해 주는 훌륭한 지침서이자 바이블이다.

_삼성전자 전략마케팅팀, 장성 과장

| 시작하는 글 |

2007년, 보스턴컨설팅그룹(BCG)에 입사하고 나서 얼마 지나지 않은 시점이었다. 그토록 꿈에 그리던 회사에 들어갔다는 막내아들의 말에 하릴없이 고개를 끄덕이셨던 필자의 부모님은 동창회에만 나가면 컨설팅 회사를 설명하는 데 진땀을 흘리셨다고 한다.

드라마에 자주 나오는 변호사, 의사, 대기업 사원 등에 대해서는 부연 설명이 필요 없었지만, 컨설턴트라는 직업은 무어라 설명하기가 어렵다는 것이 부모님의 한숨 섞인 고민이었다. 친구분들께서는 컨설턴트라는 말을 듣고 공인 중개사, 재무 설계사, 교육 상담소 등을 떠올린 경우가 더 많았다고 하니 부모님의 어려움이 어느 정도였는지 짐작된다.

자, 그렇다면 컨설턴트는 어떤 일을 하는 사람일까?
무엇보다 컨설팅의 정의를 내리기란 여간 쉽지 않다.

인수 합병(M&A)

해외 시장 진출

사업 포트폴리오 조정

중장기 비전 및 전략 방향

변화 관리

필자가 보스턴컨설팅그룹과 LG전자 등에서 수행했던 주요 프로젝트의 목록이다. 프로젝트의 면면을 보면 회사의 명운을 결정할 수 있을 법한 뭔가 '있어 보이고, 중요해 보이는' 주제로 보고서를 써내서 최고경영진에게 프레젠테이션하는 것으로 비춰진다. 그렇다면, 과연 이것이 컨설팅을 오롯이 설명한 것일까?

보스턴컨설팅그룹의 한 파트너는 출근하는 길에 "아빠는 무슨 일을 해요?"라는 유치원생 아들의 질문에 다음과 같이 대답했다고 한다.

"아빠는 고객의 고민을 들어주고 문제를 해결해 주는 일을 해. 문제해결자란다."

문제해결자. 컨설팅의 정의를 가장 명쾌하게 설명해 주는 실로 탁월한 키워드라고 생각한다.

영국 〈타임〉지에 따르면 전 세계에서는 매일 약 3천만 건의 파워포인트 프레젠테이션이 일어나고 있다고 한다. 또한 비즈니스 현장에 있는 사람들은 매일 약 3회 이상의 회의나 프레젠테이션에 참석한다고 한다. 즉 대기업, 벤처기업, 공기업, 정부 조직, 대학교 등 다양한 조직 내 수많은 직장인은 엄청난 양의 기획서를 만들어내고 상사에게 보고하는 과정을 반복하는 것이다. 하지만 여전히 대부분의 사람은 컴퓨터 화면에 파워포인트의 첫 슬라이드를 띄워놓고 어떤 내용을 채워야 할지 전전긍긍하며 몇 날 며칠을 고민한다.

이러한 고민을 해결해 주고자 시중에는 컨설팅 방법론, 문제해결 접근법, 로지컬 씽킹, 슬라이드 라이팅, 기획 방법론 등 컨설팅 및 문제해결과 관련된 수많은 서적이 넘쳐나고 있다. 필자가 기억하기로는 2000년대 초반에 맥킨지(McKinsey & Company)의 일하는 방법이나 로지컬 씽킹과 관련된 서적이 대한민국 회사원의 필독서처럼 여겨져 불티나게 팔린 적도 있다. 기업체에서 전략기획 업무를 수행하는 사람이라면 이러한 서적 두세 권은 읽었을 것이 분명하다. 하지만 여전히 그들은 새로운 프로젝트를 시작할 때면 파워포인트 빈 슬라이드를 화면에 띄운 채 슬라이드 울렁증, 프레젠테이션 포비아에 시달리는 것은 매한가지다.

그렇다면 무엇이 문제일까?

기존 컨설팅의 접근 방법을 돌이켜 보면 좌뇌의 역량을 극대화하는 데만 초점을 맞추고 있다. 하지만 전략기획 보고서를 작성하여 경영진 앞에서 발표해 본 사람이라면 컨설팅이 결코 좌뇌의 역량만으로 결정되는 것이 아니라는 점을 절실히 깨달았을 것이다. 왜냐하면 청자들은 여전히 좌뇌와 우뇌를 번갈아 가면서 보고서 내용을 흡수하기 때문이다.

2016년 세계경제포럼(스위스 다보스포럼)에서 언급되면서부터 최근까지 4차 산업혁명이 연일 화제다. 기업체의 경영 방식은 물론 정부의 정책 방향성, 대학교의 커리큘럼까지 4차 산업혁명과

궤를 같이하고 있는 형국이다. 인공지능, 유비쿼터스 모바일 컴퓨팅, 나노기술 등으로 대변되는 4차 산업혁명시대에서, 결국 핵심은 복합적 문제해결역량이라고 모든 전문가가 입을 모은다. 하지만 여기서 주목할 것은 문제해결역량 앞에 놓인 '복합적'이라는 수식어이다. 이는 좌뇌의 능력을 극대화한 기존의 로지컬 씽킹뿐만 아니라 우뇌의 유연하고 창의적인 사고력을 겸비한 문제해결역량을 말하는 것이다. 특히, 우뇌가 활성화된 사람들이 갖춘 '사람의 마음을 읽는' 심리학의 요소가 더욱 중요하게 주목받는 대목이다.

이 책은 컨설턴트들이 논리와 심리를 어떻게 사용하는지를 보여주고자 한다. 필자가 수행한 다양한 프로젝트 경험과 일상생활에서 일어나는 생생한 사례를 제시하며 최대한 이해하기 쉽게 작성하려고 노력했다.

컨설턴트로서 경험한 고객의 고민, 전략기획자로서 고민한 우리의 고민, 그리고 더 나아가 컨설팅을 처음 접하는 학생들의 고민에 대한 대답을 성실하게 풀어나갈 것이다.

이 책의 마지막을 장을 덮는 순간, '컨설팅 이거 별거 아니네'라는 깨달음과 자신감을 얻기 바란다. 더 나아가 보스의 마음을 사로잡는 매력적인 기획 보고서를 자신 있게 그릴 수 있는 노하우를 가져가길 기대한다.

컨설팅의 심리학 세계에 온 것을 환영합니다.

정병익

· 차 례 ·

PART 2

세계적인 보스턴컨설팅그룹의 입사비밀? _컨설턴트처럼 사고하기

PART 3

미켈란젤로도 슬라이드로 고민했다? _컨설턴트처럼 슬라이드 그리기

PART 4

XXL XL L M S MINI의 도발적 광고 의미는? _컨설턴트처럼 프레젠테이션하기

PART 5

나누기와 빨셈의 오묘한 방정식? _컨설턴트처럼 프로젝트 짜기

PART 1

미국 서바이벌대회에서 우승한 한국인의 비결?

컨설턴트처럼 문제해결하기

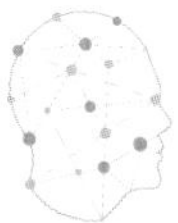

CHAPTER 01

바보야! 중요한 것은 문제해결역량이야

2006년 국내 주요 언론에 훈훈한 기사 하나가 대서특필되었다.

재미 한인 2세 권율(당시 31세) 씨가 미국 10대 인기 프로그램의 하나인 CBS 방송의 리얼리티 쇼 〈서바이버(Survivor)〉*에서 경쟁자들로부터 '대부'라는 칭송을 받으며 우승을 차지했다.[1] 상금은 100만 달러였다.

캘리포니아주에서 경영 컨설턴트 일을 하는 권 씨는 이 게임의 13차 챔피언 결승전에서 오스카 오지 루스와 접전을 펼친 끝에 5 대 4로 극적인 승리를 거머쥐었다.

권율 씨는 "게임에서 이기는 비결은 행운을 극대화하고 불운을 최소화하는 것"이라고 말했다.

* 집이나 섬이라는 제한된 공간에서 성인 경쟁자들이 기술과 기지를 발휘하여 살아남은 1명만이 큰 상금을 가져가는 구성으로 제작한 도전 프로그램이다.

[미국 '서바이버' 방송 장면]

한국인 이민 부부 사이에 뉴욕에서 태어난 권율 씨는 6세 때 캘리포니아주 콩코드로 이주해 스탠퍼드대 컴퓨터공학과와 예일대 로스쿨을 졸업한 뒤 세계적 컨설팅업체 '맥킨지'에서 경영 컨설턴트로 활약하고 있었다.

캘리포니아주와 워싱턴DC의 변호사 자격증을 함께 갖고 있는 그는 복싱으로 신체를 단련했고 아동 관련 자원봉사 활동도 꾸준히 하였다.

CBS는 본선 진출자 20명을 백인, 흑인, 라틴계, 아시아계 등 4개 그룹으로 5명씩 나눠 서바이벌전을 펼치도록 했다.

경쟁자들은 이 프로그램의 촬영을 위해 뉴질랜드 쿡 아일랜드에 옷 두 벌과 신발 한 켤레만 가지고 들어가 생존 게임을 펼쳤다.

진 팀에서는 자체투표로 1명을 퇴출시키는 방식으로 진행된 이 게임은 최종 1명의 '생존자'가 남을 때까지 진행됐다.

당시 한국 사회에서는 미국에서 가장 인기 있는 프로그램 중 하나인 〈서바이버〉에서 토종 미국인들을 제치고 한국계가 우승했다는 점에 주목했다. '권율'이라는 이름조차 한국인의 가슴 한쪽에 자리 잡고 있는 애국심을 자극하기에 충분했다. 더욱이 스탠퍼드대와 예일대라는 학력과 변호사라는 직업까지 국내 언론이 좋아할 만한 재료임이 틀림없다. 하지만 필자에게는 당시 권율 씨가 근무했던 직장인 '맥킨지'가 더 흥미로웠다.

그렇다면 외딴 섬에서 생존하는 이 게임에서 성공하기 위한 핵심 요인은 무엇이었을까?

아마도 체력, 순발력, 적응력, 유연한 사고, 창의력, 커뮤니케이션 능력, 팀워크 등 다양한 역량과 스킬이 필요했을 것이다. 하지만 무엇보다 가장 중요한 것은 '문제해결역량'이다.

맥킨지에서 체계적으로 문제해결역량을 훈련받은 권율 씨는 다른 후보자를 제치고 최종 우승할 수 있었던 것이다.

바보야!

중요한 것은 결국 문제해결이라고!

맥킨지의 한 컨설턴트는 문제해결을 다음과 같이 정의했다.

문제해결이란 당신이 맥킨지에서 하는 어떤 특정한 종류의 일이 아니다.[2] 그것은 당신이 맥킨지에서 하는 일 그 자체이자 삶이다. 당신은 모든 일에 대해 더 좋은 방식이 있다는 생각으로 접근한다. 당신은 끊임없이 다음과 같은 질문을 던진다. '이것은 왜 이런 식으로 되는가? 이것이 최적의 방식으로 처리되는 것인가?' 당신은 모든 일에 대해 근본적으로 회의적인 자세를 취해야 하는 것이다.

2016년 세계경제포럼(스위스 다보스포럼)은 4차 산업혁명이 다가오는 미래의 일자리에서 핵심적으로 필요한 9대 역량을 다음과 같이 정의하였다.[3]

기본 능력	기본적 직무 능력	직능을 넘나드는 직무 능력	
인지 능력 ·인지 유연성 ·창의성 ·논리력 ·문제인식 감수성 ·수리력 ·시각화 능력	**업무 내용 관련 역량** ·능동적 학습 ·구술 표현력 ·독해력 ·작문 표현력 ·ICT 이해도	**사회 관계 역량** ·협동 능력 ·감성 지능 ·협상력 ·설득력 ·서비스 지향성 ·타인 교육 능력	**자원 관리 역량** ·재무적 자원 관리 ·물질 자원 관리 ·인적 자원 관리 ·시간 관리
신체 능력 ·육체적 힘 ·신체 동작의 정교함과 정확성	**업무 처리 관련 역량** ·능동적 경청 ·비판적 사고 ·자기 모니터링과 타인 모니터링	**시스템적 역량** ·판단력과 의사 결정력 ·체계 분석력	**테크놀로지 역량** ·장비 유지 및 보수 ·장비 작동 및 제어 ·프로그래밍 ·품질 관리 ·기술 및 UX디자인 ·기술적 문제해결
		복합적 문제 해결 역량	

[4차 산업혁명시대, 미래인재상 9대 핵심 직무 능력]

세계경제포럼에서는 미국, 중국, 일본, 독일 등 15개국 370여 개 기업 인사담당자들을 대상으로 상기 9대 역량의 중요성을 평가하였다. 그 결과, 복합적 문제해결능력, 사회관계능력, 업무처리능력, 체계적 능력, 인지능력, 자원관리능력, 기술적 능력, 업무내용능력, 신체적 능력의 순으로 나타났다.

세계경제포럼의 연구 결과를 가지고 대한민국의 미래창조과학부 미래준비위원회와 KISTEP, KAIST가 공동으로 국내 전문가 그룹을 대상으로 동일한 내용의 설문조사를 실시하였는데, 복합적 문제해결능력이 가장 중요한 요소라는 점은 국내에서도 마찬가지였다.

그렇다면 우리 사회의 문제해결역량 수준은 얼마나 될까? 경제협력개발기구(OECD) 자료의 한국 성인 역량을 보면 읽기(16위), 쓰기(14위), 수리(11위), 정보통신기술(ICT) 스킬 활용도(17위) 면에서 조사 대상 33개국 중 우수한 편이었다.[4] 하지만 유독 4차 산업혁명시대에서 가장 중요한 문제해결 스킬의 활용도는 29위로 최하위권이다. 특히 이를 집중 활용해야 할 고숙련·전문직 분야의 성인들이 다른 나라 비슷한 직종의 성인들과 큰 격차를 보인다.

인생은 문제해결의 연속

'인생은 본래 문제해결의 연속이다.'

필자가 보스턴컨설팅그룹(BCG)에서 근무하던 당시 P 파트너가 입에 달고 살았던 말이다. 실로 맞는 말이다. 사람들은 인생을 살아가며 대학 입학, 이직, 유학, 결혼, 내 집 마련, 출산, 자녀교육 등 수많은 문제를 접하게 되고, 그때마다 최적의 해결책을 도출하기 위해 부단히 노력한다.

그렇다면 문제해결역량을 증진하려면 어떠한 노력을 기울여야 할까? 아인슈타인은 다음과 같이 의미심장한 말을 남겼다.

'중대한 문제를 풀려면 문제가 만들어진 배경 이상의 사고수준이 필요하다.'

아인슈타인은 지식수준이 아니라 사고수준을 강조했다. 사람들은 흔히 많이 아는 것을 추앙하고 예찬한다. 암기식 교육에 매몰되어 있는 국내 교육 환경을 보면 어쩌면 당연한 현상일지도 모른다. 필자가 어린 시절에는 〈장학퀴즈〉에 나가서 입상하는 것이 공부 좀 한다는 친구들에게는 로망과도 같았다. 지금은 〈도전 골든벨〉이라는 프로그램이 그 자리를 차지하고 있는 것 같다.

지식과 정보는 인터넷에 접속만 할 수 있으면 구글이나 네이버 등 검색 엔진을 통해 손가락 몇 번의 움직임으로 몇 초 만에도 양질의 결과를 얻어낼 수 있다. 너무나도 쉽게 대체 가능한 영역에 놓여 있는 역량인 것이다. 하지만 사고력은 다르다. 논리적으로 체계화해서 문제를 파악하고 정답을 도출해내는 문제해결역량은 컴퓨터가 대체하기 어려운 영역이다. 세계경제포럼이 4차 산업혁명을 설파하면서 문제해결역량을 강조한 이유가 바로 여기에 있다.

양손잡이 게임: 지식의 탐색과 심화

문제해결을 위해서 최소한의 지식과 데이터가 필요하다. 그렇다면 문제해결을 위해서 어느 정도의 지식과 데이터가 필요할까? 컨설팅 회사에서 처음 프로젝트를 접할 때 가설을 세우기 위해서는 해당 산업에 대해 대강의 이해만 해도 충분하다고 한다. 산업에 대한 지식이 점점 더 깊어질수록 숲을 보지 못하고 나무에 집착하는 우를 범할 수 있기 때문이다.

흥미로운 점은 지식의 탐색이 너무 과하면 오히려 부작용을 일으킬 수 있다는 사실이다.[5] 특허를 신청할 때는 당연히 아이디어를 위해 인용한 특허들을 기재해야 한다. 스탠퍼드 대학교 리타 카틸라(Ritta Katila)와 미시간 대학의 가우탐 아후자(Gautam Ahuja)는 전 세계 124개 로봇 제조업체의 특허를 조사했다. 특허 출원 인용 범위에 따른 로봇 제조 빈도를 살펴봄으로써 지식의 탐색수준과 생산성의 관계를 규명하고자 했다.

연구 결과 지식 탐색수준이 높아질수록 긍정적인 결과를 낸다는 사실이 밝혀졌다. 하지만 지식의 탐색이 극단적인 수준에 이르면 오히려 부정적인 결과를 낸다는 것도 알아냈다. 너무 과한 지식의 탐색이 생산성을 떨어뜨린 것이다.

그렇다면 지식의 탐색이 너무 지나친 조직은 왜 바람직한 결과를 얻지 못할까? 그것은 지식의 심화를 소홀히 했기 때문이다. 지식의 심화란 탐색을 통해 얻은 지식을 자기 일에 맞게 개량, 응용, 적용 등을 통해 체화(體化)하는 것을 말한다.

결국 문제해결역량을 위해서 지식의 탐색은 최소한의 수준을 맞추면 되는 필요조건인 반면, 지식의 심화는 반드시 있어야 하는 충분조건이다. 다시 말하면, 지식의 심화는 탐색된 지식과 정보를 가공하여 새로운 시사점을 도출하는 일종의 창의의 영역이다.

CHAPTER 02

최고의 컨설턴트는 심리학의 달인

컨설턴트들 사이에서는 유명한 '아재 개그'가 있다. 컨설턴트의 '설'이 혀를 뜻하는 한자 설(舌)에서 왔다는 것이다. 혹은 컨'썰'턴트들은 속된 말로 '썰'을 잘 풀어야 먹고 산다는 말도 있다. 그만큼 컨설턴트들의 혀를 내두를만한 화술은 그 직업의 속성을 잘 보여주는 키워드라고 생각한다.

그렇다면 컨설턴트들은 어떻게 사람들의 마음을 사는 화술의 능력을 갖추게 되었을까?

컨설턴트의 화술: 좌뇌와 우뇌의 조화

경영학자 피터 드러커(Peter Drucker)는 "자신이 알고 있는 경험과 노하우를 얼마만큼 쉽게 표현하고 전달할 수 있는지의 스피치 능력을 리더의 전문성에 포함해야 한다. 설득력과 전달력을 갖추지 못했다면 진정한 의미의 21세기 리더라고 보기 어렵다"고 말했다.

피터 드러커는 스피치 능력과 관련하여 설득력과 전달력을 최우선으로 강조하였다. 설득력이 좌뇌가 담당하는 논리, 체계, 언어, 전략, 분석 등의 영역에 놓여 있다면 전달력은 우뇌가 담당하는 상상, 생각, 색상, 예술, 음악, 글짓기, 비전, 음주의 영역에 놓여 있다고 여겼다.

뇌과학자인 가토 도시노리(加藤俊德) 박사에 따르면, 현대인들은 특히 좌뇌의 기능을 많이 사용하며 살아간다.[6] 그 결과 "타인과 커뮤니케이션을 하는 데 어려움을 겪게 되었다"고 설명한다. 가령 아침에 출근해 상대의 눈을 제대로 보며 "안녕하십니까"라고 인사하는 동료가 몇 명이나 되는가. 결코 많다고 할 수 없는 상황에서 갑자기 하고 싶은 말을 꺼내려니 어렵게 느껴지는 것이 당연하다.

가토 박사는 "우선 우뇌의 시각계를 활용해 상대가 어떤 상태인지를 잘 살펴보라"고 조언하였다. 시작은 어떤 옷을 입고 있는지, 어떤 색의 넥타이를 매고 있는지 등 관심을 두는 것이다. 그리고 "목걸이가 예쁘네요", "멋진 넥타이네요" 등 외부에서 보이는 면을 하루에 한 번 정도 말해 본다. 시각적으로 느낀 것을 언어화하고 전달하는 작업은 우뇌와 좌뇌의 연결을 긴밀하게 하는 데 도움이 된다.

컨설팅 회사에 입사하게 되면 주니어 시절에 좌뇌를 훈련하는 각종 교육 프로그램이 제공된다. 로지컬 씽킹, 이슈 트리, 피라미드 사고방식 등 주니어 시절에 논리적 사고력을 향상시키기 위해서 모든 노력을 기울이는 것이다.

하지만 시간이 점차 흘러 팀장, 이사, 파트너 직급으로 올라가게 되면 좌뇌의 기능보다는 우뇌의 기능을 더욱 활성화하기 위해 노력한다. 주니어 시절에 좌뇌의 기능을 100% 활용하는 것에 주안점을 뒀다면, 상위 직급으로 올라갈수록 좌뇌의 비중은 낮추고 우뇌의 활용도를 높이면서 설득력과 전달력을 겸비하게 되는 것이다.

최근 TV 정치·시사 및 심지어 예능 프로그램에 정치인들이 종종 등장한다. 사람들은 그들을 폴리테이너(폴리티션+엔터테이너)라고 부른다. 한때는 권위의 상징이었으며 선거철을 제외하고는 대중과 거리가 멀게 느껴졌던 정치인들이 새로운 형태의 예능 프로그램을 통해 한층 친숙하게 다가오고 있는 것이다. 그중에서도 가장 인기 있는 인물은 전 보건복지부 장관 현 작가 유시민이다.

그의 어록을 몇 가지 예로 들어보자.

'우리가 별에 도달 못 한다고 해서 별이 우리에게 가치 없는 것은 아니잖아요.'

'우리는 대통령이 아니라 국민이 왕인 시대에 살고 있습니다. 국민이 왕이고 대통령이 신하입니다. 신하 중에 제일 높은 신하, 그게 대통령입니다.'

그의 말이 우리의 심금을 울리고 사이다처럼 시원한 청량감을 주는 것은 좌뇌와 우뇌를 동시에 자극하기 때문이다. 논리적으로 온당한 문장이면서 동시에 감성적으로 뜨거운 문장이기 때문이다.

공감능력을 키워라!

문장의 전달력을 키우기 위해서는 청자와의 교감이 중요하다. 성공적인 컨설팅의 조건을 생각해 보면, 컨설턴트와 고객사 간 대화가 물 흐르듯이 전개되는 것이 매우 중요하다. 이는 마치 컨설턴트와 고객사 간 체스를 두는 것과 같이 고도의 심리 게임이기도 하다. 체스에서 이기기 위해서는 상대방의 수를 예측하고 적절한 전략을 세워야 한다. 이처럼 고객사의 마음을 사로잡기 위해서는 고객사의 기대수준에 맞춰 최적의 메시지를 전달해야 한다.

앞서 이미 언급했지만, 설득력이 높다고 해서 전달력이 무조건 충족되는 것은 아니다. 때로는 오히려 설득력이 조금 떨어지더라도 상대방의 심리를 잘 파악하고 있다면 기대 이상의 전달력이 창출되기도 한다.

스물여섯 살 망누스 칼센(Magnus Carlsen)은 현재 세계 최고의 체스 선수이다.[7] 이 천재 체스 세계 챔피언은 체스의 전설 아나톨리 카르포프(Anatoly Karpov)를 불과 13세의 나이에 꺾었다. 칼센은 최연소 세계 랭킹 1위에 올랐으며 출전하는 대회마다 최고의 성적을 거두고 있다.

역대 최고의 승률을 기록하고 있는 칼센은 게임 막바지에 이르면 감히 다른 선수들이 따라올 수 없는 천재성이 발휘된다. 잘 버티던 상대들도 게임의 종반부에 이르면 칼센의 수를 따라가지 못하고 무릎을 꿇는다. 그런데 놀라운 사실은 칼센이 막판에 보여주는 수들은 객관적으로 최고 수준의 수라고 말하기 어려운 수였다.

인간의 수가 얼마나 훌륭한지는 컴퓨터와 비교해 보면 알 수 있다. 버팔로 대학의 켄 리건(Ken Regan) 교수는 체스 소프트웨어를 이용해 체스 선수들을 평가하였다. 평가 결과 블라디미르 크람니크(Vladimir Kramnik)라는 선수가 컴퓨터 평가상 최고의 점수를 얻었다. 칼센은 상위권이긴 했지만 오늘날 그의 성적에 비한다면 결코 좋은 점수를 받지 못했다. 그렇다면 칼센은 어떻게 세계 최고로 평가될까?

전문가들의 분석에 의하면 칼센의 힘은 수 자체에 있지 않고, 그 수가 상대방에게 미치는 영향력에 있다. 칼센은 컴퓨터의 시뮬레이션상 최고의 수를 두기보다 상대방을 혼동시켜 제 기량을 펼치지 못하게 하는 것이다. 즉, 칼센은 자신의 수에 몰입하는 것이 아니라 철저히 경쟁자를 염두에 두고 수를 펼치는 것이다.

지피지기 백전백승(知彼知己 百戰百勝)

기원전 1030년경, 목동 다윗이 전사 골리앗을 물리쳤다.[8] 골리앗이 블레셋 진영에서 앞으로 나와 도발했을 때, 사울 왕의 군대는 공포로 움츠러들었다. 골리앗은 2미터 70센티미터가 넘는 키에 위협적인 커다란 창을 들었고, 투구와 갑옷은 햇빛을 받아 눈부시게 빛났다. 다윗은 군인이 되기에 너무 어렸지만 골리앗에게 맞서고 싶었다. 사울 왕은 아무리 설득해도 다윗이 물러서지 않자 갑옷을 내주었다. 하지만 다윗은 무거운 갑옷을 버리고 목

동의 옷을 입은 채 싸움에 나섰다. 그는 골리앗을 향해 달려가면서 돌팔매를 날렸다. 공격 한 번 제대로 해 보지 못한 채 이마에 돌을 맞은 골리앗은 그 자리에서 쓰러졌다. 다윗은 죽은 골리앗의 머리를 잘랐고, 최강의 전사를 잃은 블레셋군은 그대로 도망쳤다.

전략은 상대적 약점에 상대적 강점을 적용하는 것이다. 다윗과 골리앗의 강점과 약점을 표로 나누면 다음과 같다.

	강점	약점
다윗	용맹함	왜소한 체구, 경험 부족
골리앗	거대한 체구, 강한 힘, 오랜 경험, 용맹함	?

왕은 이러한 구도에 따라 다윗이 골리앗의 상대가 될 수 없다고 생각했다. 하지만 왕은 돌팔매 실력과 날쌘 몸놀림이라는 다윗의 다른 강점을 보지 못했다. 다윗은 움직임을 방해한다는 이유로 왕이 준 갑옷을 버렸다. 어차피 골리앗과 근접전을 치르게 되면 갑옷은 크게 도움이 되지 않는다. 또한 골리앗은 투구 사이로 급소인 이마가 드러난다는 약점이 있었다. 다윗이 가진 원거리 무기는 체구와 힘이라는 골리앗의 강점을 무력화시켰다.

다윗은 본인 스스로를 이해하기에 앞서 골리앗의 강점과 약점을 명확히 파악했다. '지피지기 백전백승'에서 '지기'보다 '지피'가 먼저 언급되는 이유를 곰곰이 생각해 봐야 하는 대목이다. 나를 이해하는 것보다 상대방을 먼저 이해하는 것이 언제나 항상 중요하다. 특히 상대방의 겉모습보다 마음속에 똬리를 틀고 있는 오묘한 심리를 파악하는 것이 훨씬 중요한 것이다.

열길 물속은 알아도 한 길 사람 속은 모른다

공자(孔子)는 『장자(莊子)』에서 "하늘은 춘하추동의 사계절과 아침, 저녁의 구별이 있지만, 사람은 꾸미는 얼굴과 깊은 감정 때문에 알기가 어렵다. 사람의 마음은 험하기가 산천보다 거칠고 알기는 하늘보다 더 어렵다"*고 했다.

사람의 마음을 산다는 관점에서 컨설팅은 때론 비즈니스 협상과도 비슷하다. 협상에서도 상대방의 심리 파악을 가장 중요하게 생각하기 때문이다.

성공적인 협상가들은 협상을 시작할 때 보통 "요즘 어떻게 지내십니까?"라고 묻는다.[9] 누구나 하는 평범하게 들리는 이 질문 속에는 네 가지 협상 도구가 숨겨져 있다.

* 장자(莊子) 잡편(雜篇) 제32편 열어구(列禦寇)

1. 형식적인 분위기 탈피: 관계를 형성하는 데 도움을 준다.

2. 질문을 통한 정보 수집: 상대의 상태를 살피는 데 효과적이다.

3. 상대에 대한 초점: 우선 상대를 생각한다는 인식을 심어준다.

4. 일상적인 대화: 편안한 분위기를 조성한다.

협상 도구의 속성을 분명하게 이해하지 않으면 상황에 맞게 효과적으로 변주할 수 없다. 그저 생각나는 대로 말하는 방식으로는 협상 실력을 향상시킬 수 없다.

몇 년 전 폭설이 내리던 날 아주 중요한 협상이 이뤄졌다. 협상가 A는 다소 짜증나는 말투로 "눈이 엄청나게 오네요."라고 말했는데 상대방은 "사실 저는 눈이 좋아요. 스키를 좋아하거든요."라고 했다. 이 말을 들은 A는 다시 "그럼 더운 걸 안 좋아하시겠군요. 저도 그렇습니다."라고 맞장구 쳤다.

A가 바로 이렇게 화제를 바꾼 이유는 상대와 A가 공통적으로 싫어하는 것을 찾기 위함이다. 공통적으로 싫어하는 것이 있을 때 친밀감은 쉽게 조성된다. 사람들이 대화할 때 나쁜 날씨나 교통 정체에 대해 반 농담조로 불평하는 것도 다 이런 이유 때문이다.

때로는 상대방이 속마음을 쉽게 드러내지 않는 경우가 있다.

상대방이 무언가에 대한 두려움과 부끄러움을 느낄 경우 그것을 파악하는 데는 더욱 특별한 노력이 필요하다. 여행 계획을 세우는 부부의 사례를 살펴보자.

베스트셀러 〈어떻게 원하는 것을 얻는가〉(스튜어트 다이아몬드 저)에서 스코트 와일더(Scott Wilder)는 아내 라라(Lala)에게 페루로 트래킹 여행을 제안한다.[10] 그러나 라라는 제대로 씻을 수도 없고 잠자리도 불편한 트래킹 여행을 꺼렸다. 하지만 스코트는 진짜 이유는 다른 것이라고 생각했다. 과거에는 그녀 역시 불편한 여행도 마다하지 않았기 때문이다.

스코트가 라라의 눈을 통해 상황을 바라본 결과, 라라가 안데스 산맥에서 둘만 고립될 것을 두려워한다는 사실을 알았다. 라라 역시 이 점을 인정했다. 그래서 스코트는 세세한 여행 일정을 짜서 보여주고, 트래킹 여행을 다녀온 경험자들의 이야기를 들려주었다. 라라는 여행 내내 절대 둘만 고립되는 일이 없을 것이라는 사실을 알고 나서야 같이 가는 데 동의했다. 스코트는 라라의 두려움을 파악하고 거기에 적절히 대응한 덕분에 그녀의 동의를 얻을 수 있었다. 두 사람은 트래킹 여행에서 멋진 시간을 보냈다.

컨설팅: 논리학과 심리학의 이중창

이 책에서는 사람의 마음을 사로잡는 컨설턴트들이 실제 어떻게 생각하고, 어떻게 슬라이드를 그리며, 어떻게 프레젠테이션을 하는지를 생생하게 보여주고자 한다. 즉 논리적인 사고를 굵직한 씨줄로 하고, 사람의 마음을 자극하는 심리학을 날줄로 촘촘하게 엮어 이야기를 풀어나갈 것이다.

한 발 떨어져서 돌이켜보면, 컨설턴트의 논리 체계와 구조화된 사고에 대해서는 이미 많은 책이 나와 있어 너무나도 유명한 이야기가 된 지 오래다. 따라서 이 책에서는 그러한 논리성을 배가시켜줄 수 있는 심리학이 갖는 힘과 묘미를 흥미롭게 전달하고자 노력하였다는 점을 미리 밝힌다.

심리 속의 심리상자 1

Minimum이 maximum보다 중요한 이유

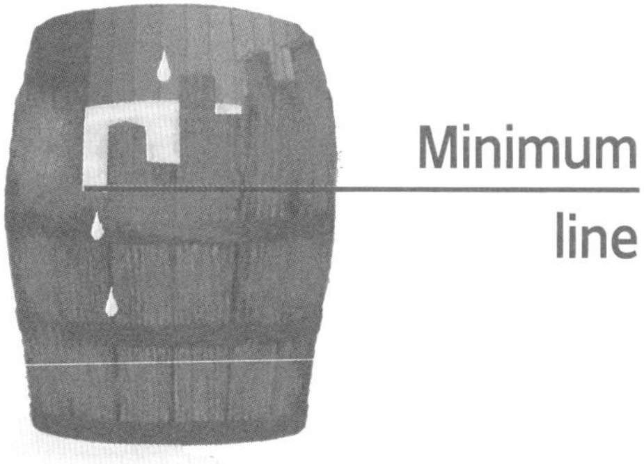

서로 다른 길이의 나무판자로 만든 나무 욕조가 있다. 이 욕조에 담을 수 있는 물의 양은 어떤 판자를 기준으로 결정될까? 가장 긴 나무판자가 아니라 가장 짧은 나무판자의 길이로 결정된다. 이는 Shortest Plank Effect (가장 짧은 널빤지 효과)라고도 불린다.

나무 욕조가 담을 수 있는 물의 양을 늘리기 위해서는 가장 긴 나무판자를 더 늘리는 것이 아니라 가장 짧은 나무판자에 주목해야 한다.

나무판자의 길이가 천차만별인 것처럼 사람들의 특성도 천차만별이다. 이들을 주의 깊게 관찰하여 가장 짧은 나무판자를 보완해야 한다. 즉, 조직이나 단체에서는 실적이 가장 부진한 직원을 업그레이드 시키는 것이 필요하다.

이 효과는 문제해결역량을 발전시키기 위해서 꼭 알아야 할 법칙

중 하나이다. 가장 긴 나무판자가 눈에 띄어 짧은 나무판자는 상대적으로 집중을 받지 못하기 때문이다. 중요한 문제에 있어 90% 이상 문제를 해결했다 하더라도 제일 짧은 나무판자에 해당하는 약 10% 내외의 문제에 봉착되어 전체를 그르치는 경우가 비일비재하다. 그러므로 어떤 상황에서는 제일 부족한 곳에 역량을 집중 투입해야만 효과적으로 문제를 해결할 수 있다.

그리고 개인 컨설턴트 입장에서도 자신의 무수한 특성 중에 가장 부족한 특성을 업그레이드시켜야 한다. 열 번 중 아홉 번에 아무리 뛰어난 능력을 보였어도 단 한 번의 부족한 역량으로 인하여 그 역량이 본인의 전체 역량으로 평가받는 억울한 경우가 조직 내에서는 흔한 일이다.

또한 유념해야 할 점은 가장 짧은 나무판자는 항상 바뀐다는 것이다. 때로는 인간관계가 가장 짧은 나무판자가 되기도 하고, 어떤 때는 어느 특정 업무능력이 짧은 나무판자가 될 수도 있다.

이처럼 지금의 상황을 구성하는 요소들을 잘 파악하여, 가장 짧은 나무판자(핸디캡)를 찾아내는 것이 조직 및 개인에게 문제해결역량의 요점이 되겠다.

즉, 문제해결역량에 있어서는 장점을 극대화시키는 것도 좋은 방법이지만 상대적인 단점을 보완하는 것도 이에 못지않게 중요함을 알아야 한다.

[심리 속의 착시 1]

트럼펫일까요? 얼굴일까요?
→ 사람도 보는 시각에 따라 이중적 관점이 존재합니다.

PART 2

세계적인 보스턴컨설팅 그룹의 입사비밀?

컨설턴트처럼 사고하기

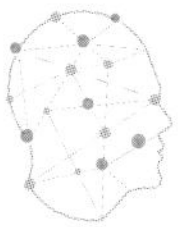

CHAPTER 03

뇌섹남녀 전성시대

로버트 루트번스타인(Robert Root-Bernstein)과 미셸 루트번스타인(Michele Root-Bernstein)은 그들의 책 〈생각의 탄생〉*에서 '무엇'을 생각하는가에서 '어떻게' 생각하는가로의 변화의 중요성을 다음과 같이 기술하였다.

누구나 생각한다.[11] 그렇지만 누구나 똑같이 '잘' 생각하는 것은 아니다. 여기 요리의 대가에 견줄 수 있는 사고의 달인이 있다. 그는 여러 가지 정신적 재료들을 가지고 맛을 내고 섞고 조합하는 것에 능통한 사람이다. 우리가 어떤 '지적' 만찬을 준비한다면 그에게 부탁할 수밖에 없을 것이다.

이 말은 '생각의 부엌'에서 그가 하는 일과 우리가 하는 일이

* 원서는 Sparks of Genius: The Thirteen Thinking Tools of the World's Most Creative People 이다.

다르다는 뜻이 아니라 그가 더 잘한다는 뜻이다. 대가가 되려면 아주 재능 있는 사람이라 하더라도 상당히 오랫동안 수련해야 한다는 것을 이미 잘 알고 있다.

우리 역시 대가가 되고자 한다면 필요한 도구의 용법을 익히고 정신적 요리법을 배우며 실력을 키워나가야 한다. 그러나 이 과정은 우리에게 '정신적 요리'가 의미하는 것이 무엇인지 다시 생각해 보라고 요구한다. 그리고 이 '다시 생각하기'를 통해 정신적 요리법은 '무엇을 생각(요리)하는가'에서 '어떻게 생각(요리)하는가'로 초점이 옮겨진다.

컨설팅 회사 입사 인터뷰는 사고 능력 경연의 장

컨설팅 회사에 입사하기 위해서는 이력서, 에세이 작성 등 만만치 않은 서류 작업이 있지만, 무엇보다 가장 중요한 프로세스는 바로 인터뷰이다. 인터뷰(interview, 면접)는 보통 3라운드로 진행되며 각 라운드별 2명의 면접자와 1 대 1 인터뷰를 각각 40분씩 진행한다. 따라서 입사 오퍼를 받기 위해서는 총 6명의 면접자와 총 240분, 즉 4시간의 인터뷰를 통과해야 하니 여간 까다로운 일이 아니다.

컨설팅 회사가 이토록 까다로운 절차를 통해 인재를 선발하는 이유는 무엇일까? 피터 드러커가 그의 저서 〈경영의 실제〉*에서 언급한 내용을 살펴보자.

한 명의 일꾼을 고용한다는 것은 조직으로서는 온전히 한 명의 인간을 통째로 채용하는 것이다.[12] 기업은 "개인의 팔 하나만 고용하는 것"은 불가능하다. 팔의 주인이 항상 뒤따라오니까 말이다. 이것보다 확실하게 한 인간과 그가 하는 일과의 관계만큼이나 한 인간의 총체적 인격을 완전히 포괄하는 관계도 없다.

구약성서 「창세기」에 기록된 것과 같이, 일은 애초 인간이 타고난 조건이 아니었다. 그러나 일은 그 후 곧 인간의 본질적 조건에 포함되었다. "너는 네 이마의 땀으로 너의 빵을 먹게 되리라"고 한 말씀은 하느님이 아담을 에덴동산 바깥으로 내치면서 준 벌이자, 지상에서 그의 삶을 견딜 만하고도 의미 있게 만든 선물 겸 축복이었다. 오직 창조주와의 관계 그리고 자신의 가족과의 관계가 인간과 그의 일과의 관계보다 앞서 있을 뿐이다.

컨설팅 회사의 업(業)의 본질을 보면 결국 '사람 장사'이다. 우수한 인재를 발탁하고 잘 키워서 고객사의 가치 창출을 위해 활

* 원서는 The Practice of Management 이다.

용하는 것이 결국 컨설팅 업인 것이다. 결국 컨설팅 서비스는 '사람으로 시작해서 사람으로 끝나는 것'이라 요약할 수 있기 때문에 신입 컨설턴트 선발은 무엇보다도 중요한 이벤트다. '인사가 만사'라는 말이 가장 잘 어울리는 조직이라고 할 수 있다.

다시 컨설팅 회사 입사 인터뷰 이야기로 돌아가 보자. 인터뷰는 크게 Fit 인터뷰와 케이스 인터뷰로 구성된다.

Fit 인터뷰는 지원자가 회사와 얼마나 궁합이 잘 맞는지를 확인하는 절차로서 가벼운 농담으로 시작하여 지원자의 취미, 특기 등을 물어보는 등 서로를 알아가는 아이스 브레이킹의 시간이라고 할 수 있다.

보통 '3 Whys'를 물어보는 것이 일반적인데, 여기서 말하는 '3 Whys'란 'Why consulting?, Why our firm?, Why you?'로서 '왜 컨설팅을 하고 싶고, 왜 특히 우리 회사에 들어오고 싶어 하며, 더 나아가 우리가 왜 당신을 뽑아야 하는지'를 평가하는 것이다.

Fit 인터뷰 관련 실제 사례를 하나 소개하겠다.

보스턴컨설팅그룹에 지원했던 한 후보자는 최종 단계인 3차 인터뷰를 위해 보스턴컨설팅그룹 사무소에 가고 있었다. 3차 인터뷰 단계까지 오게 되면, 1, 2차 인터뷰에서 이미 4명의 면접관으로부터 검증된 후보자로서 3차 인터뷰 때 큰 실수만 없다면 인터뷰를 마치고 돌아가기 전에 오퍼 레터를 받을 확률이 매우 높다. 즉, 홈런을 치려고 노력하기보다는 방망이에 공을 맞추는 시늉만 하더라도 회사에서 어여삐 여겨 잉크가 마르기도 전에 대표 파트너 서명이 날인된 계약서를 제시받을 수 있는 단계라는 말씀이다.

보통 인터뷰에 임하는 올바른 자세는 인터뷰 시간 최소 30분 전에 인터뷰 장소 주변에 도착하여 마음 자세를 다잡고 화장실도 미리 다녀오고 목소리도 가다듬는 과정이 필요한데, 이 후보자는 이미 다른 컨설팅 회사에서 컨설턴트로 바쁘게 근무하다 몰래 인터뷰를 오는 것이다 보니 인터뷰 3분 전에야 간신히 인터뷰 장소에 도착한 것이다.

숨도 고르기 전에 인터뷰는 시작되었고, 예상처럼 'Why consulting?'이라는 간결하고도 심오한 질문이 던져졌다. 인터뷰 시간에 늦지 않았다는 감명이 너무나도 컸던 탓인지, 이 후보자는 애초 준비했던 예상 답변은 내팽개치고 현재의 기쁨을 표현하는 데 몰두하기 시작했다.

"제가 오늘 택시를 타고 왔는데요. 종로에서 광화문까지 오는 길에 신호등이 총 5개가 있었습니다. 오늘 따라 봄비가 추적추적 내리고 있어 점심 이후 시내 교통 상황은 말할 필요조차 없이 혼잡했고, 평소보다 신호등 사이의 시간은 더욱 길게만 느껴졌습니다. 동화면세점 빌딩에 도착하기 직전 마지막 신호등 색깔이 빨간색에서 초록색으로 변하는 그 순간 저는 10년 묵은 체증이 내려가는 듯한 후련함과 상쾌함을 느낄 수 있었습니다.

경영 현안과 매일 매일의 이슈에 매몰되어 있는 고객사는 이러한 답답한 심정을 하루에도 수십 번, 수백 번 경험하리라 생각합니다. 고객사 마음속에 존재하는 빨간 신호등을 초록 신호등으로 바꿔줌으로써 고객사에 전달할 수 있는 기쁨이야말로 컨설턴트로서 근무하는 가장 큰 행복이 아닐까 싶습니다."

보스턴컨설팅그룹의 전통 색깔인 초록색의 심미적 이미지와 초록 신호등이 주는 상징적인 의미를 효과적으로 연결하여 전달했다는 것에 매우 뿌듯해했던 후보자와 달리 면접관의 표정은 점차 어두워져만 갔다. 바야흐로 홈런을 치려다 삼진을 당한 꼴로 없었던 얼음마저 생기는 최악의 분위기로 면접을 시작하게 된 것이다.

이 사례에서 후보자는 어떠한 실수를 한 걸까? 색깔이 주는 메시지에 인위적으로 짜 맞추다 보니 결국 감흥도 없고 느낌도 없고 손발이 오그라드는 아부성 이야기 때문일까?

이 답변의 치명적인 실수는 메시지 자체라기보다는 메시지를 전달하는 구조에 있다.

다음과 같은 답변은 어떤지 평가해 보기 바란다.

'제 10년 후 경력 목표는 외국계 기업의 전략기획 담당 임원이 되는 것입니다. 이를 위해서는 크게 세 가지 역량이 필요한데요. 첫째, 커뮤니케이션 역량, 둘째, 글로벌 경험과 지식, 마지막으로 문제해결역량입니다.

먼저, 커뮤니케이션 역량에 대해 말씀드리겠습니다. 전략기획 담당 임원에게는 경영진이 효과적으로 의사결정을 내릴 수 있도록 각종 경영 현황을 신속하고 간결하게 보고 드리는 것이 무엇보다 중요합니다. 더 나아가 경영진과 생산, 영업, 지원 부서 등 실무 부서와의 가교 구실도 매우 중요한데요. 즉, 조직 내 다양한 이해관계자의 눈높이에 맞춰 최적의 메시지를 전달하는 커뮤니케이션 역량은 절대적으로 중요하다고 할 수 있습니다.

둘째, 글로벌 경험과 지식이 필요합니다. 국내에 진출해 있는 외국계 기업은 국내 고객에 대한 이해는 물론, 국내 시장 내 트렌드 및 경쟁 동향을 효과적으로 파악하는 것이 매우 중요합니다. 하지만 고객의 니즈, 시장 트렌드 및 경쟁 동향이 국내라는 플레이 그라운드 안의 획일적인 렌즈로만 이해된다면 피상적인 수준에 그칠 수 있습니다.

전 세계적인 기술 트렌드가 국내외 고객에게 어떻게 영향을 미치는지, 국내 업체의 경쟁 동향뿐만 아니라 해외 업체들은 어떻게 나아가고 있는지 등 전 세계적인 관점을 견지해야 더욱 입체적인 지식과 이해를 갖출 수 있으며, 이는 외국계 기업의 전략기획 담당 임원에게 필수불가결한 역량입니다.

마지막으로, 문제해결역량입니다. 전략기획 업무의 핵심은 결국 문제해결입니다. 조직 내 산재해 있는 이슈를 파악하고 문제화한 후 가설 도출 및 입증에 기반하여 솔루션 도출 및 전달하는 일련의 사고 과정은 문제해결 그 자체라 할 수 있습니다.

언급 드린 세 가지 역량을 가장 효과적으로 배양할 수 있는 곳이 컨설팅이라고 생각했기에 컨설팅 회사에 지원하게 되었습니다. 특히, 본 역량들은 머리가 굳기 전에 주니어 시절부터 제대로 배워야 '선무당이 사람 잡는' 우를 범하지 않으리라 생각합니다.

금일 인터뷰 오는 길에 빨간 신호등이 초록 신호등이 바뀌는 순간을 경험하며 깨달은 것이 있는데요. 제가 만약 경영 컨설턴트가 된다면 고객사의 마음속에 자리 잡고 있는 수많은 빨간 신호등을 하나하나 초록색으로 바꿀 수 있는 훌륭한 '문제해결자'가 될 수 있도록 노력하겠습니다.'

차이점이 보이는가?

결국 핵심은 'Answer First!'와 구조화이다.

CHAPTER 04

'Answer First'의 심리학

2008년 11월 중순의 어느 가을 날 오후 2시, 국내 굴지의 전자제품 대기업의 휴대전화 사업 본부에서 다가오는 연말 전략 보고를 위한 리뷰 미팅을 하고 있었다. 20평 남짓의 커다란 대형 회의실에서 본부장은 원형 테이블의 상석에 앉아서 부문별 담당 임원으로부터 보고를 받으며 보고서 한 장, 한 장 날카로운 질문을 던지고 있다. 이미 식어버린 아메리카노를 단숨에 털어 마시고 난 후, 와이셔츠 소매를 걷어 올리며 본부장이 다시 한번 무거운 입을 열었다.

"그래서 핵심이 뭔데? 유럽 시장이 어떻게 된다는 거지?"

해외 마케팅 전략을 총괄하는 김상무는 10분 동안 아직 한 장의 보고서도 넘어가지 못했다. 첫 장부터 본부장으로부터 계속 같은 질문을 받고 있기 때문이다.

"네, 본부장님. 유럽은 올해 총 300만 대의 휴대폰이 판매될 것으로 전망되며, 이 중 200만 대는 피처폰이고 100만 대는 스마트폰입니다. 스마트폰은 3년 전만 해도 5만 대 미만으로 시장 입지가 매우 미약했으나, 지난 3년간 폭발적으로 증가하면서 이제는 전체 시장의 30% 이상을 차지하는 수준에 도달했습니다. 이는 20~30대가 전체 소비 트렌드를 주도한 것에 기인한 것인데요. 향후, 당사는……."

본부장의 표정이 일그러지면서, 다시 한번 불호령이 떨어졌다.

"이봐, 김상무! 내가 물어본 질문이 그게 아니잖아. 다시 한번 잘 생각해 보게. 그래서 유럽 시장이 어떻게 된다는 거야? 마지막 기회일세."

이번에 유럽 휴대전화 시장이 폭발적으로 증가했음에도 불구하고 동사의 실적은 1년 만에 업계 3위에서 10위권 밖으로 밀려났다. 휴대전화 사업이 전사적인 실적의 발목을 잡는 현 상황에서 이번 전략 보고를 잘 넘기지 못하면 연말 임원 인사에서 불이익을 당하는 것을 피하기 어려운 상황임은 명약관화이다. 하지만, 아무리 머리를 굴려 봐도 도대체 본부장이 원하는 답이 뭔지 감이 오지 않는다. 김상무는 보고서를 총괄 작성한 윤부장에게 무언의 SOS 눈길을 보냈다.

기업에 근무하는 사람들이라면 본 에피소드가 결코 남의 일 같지 않을 것이다. 대한민국 기업에서는 일상다반사의 사례라 할 수 있어서 한번 생생한 예시를 들어보았다. 여러분이 저기 회의실에 앉아 있는, 김상무의 절박한 눈길을 한 몸으로 받아내고 있는 윤부장이라면 어떠한 답을 제시할 것인가? 과연 본부장이 원하는 정답은 무엇일까?

평소 본부장 앞에서 제대로 보고할 기회를 잡지 못했던 윤부장은 이때가 기회다 싶어 조심스레 입을 뗐다.

"본부장님, 해외마케팅 전략 1팀의 윤부장입니다. 제가 대신 말씀드려도 될지요?"

"그래, 윤부장이라고? 자네가 한번 답변해 보게."

윤부장은 자리에서 일어나 연단으로 다가가 김상무로부터 마이크를 건네받고 프레젠테이션을 시작했다.

"유럽 휴대전화 시장은 향후 3년간 약 5%의 연평균 성장률로 성장할 것으로 전망되는데요. 스마트폰 시장은 약 30% 이상 성장될 것으로 전망되는 반면, 피처폰 시장은 약 -10%로 역성장할 것으로 전망됩니다. 좀 더 구체적으로, 지역과 고객군, 그리고 상품 카테고리별로 나눠서 말씀드리겠습니다. 우선, 지역별로는……."

윤부장이 프레젠테이션을 시작한 이후, 본부장의 입가엔 미소가 번지기 시작했고, 결국 할당된 시간보다 오히려 더 짧은 시간에 성공적으로 보고를 마칠 수 있었다.

이번 에피소드에 등장하는 윤부장과 김상무의 커뮤니케이션의 차이점은 무엇인가? 본부장의 질문을 다시 한번 떠올려 보자.

'유럽 휴대전화 시장이 어떻게 될 것인가?'

본부장은 향후 미래 시장 전망이 어떻게 될 것인지를 궁금해 했다. 현재도, 과거도 아닌 미래 말이다. 하지만 김상무는 올해 실적이 어떻게 마감될 것인지 현재 이야기로 시작하여, 과거 시장이 어떻게 성장했는지로 덧붙여 말한 후 곧 고객 이야기로 깊숙이 들어가고 만다. 본부장이 그토록 궁금해 하는 미래 이야기는 절대 하지 않은 채 숲을 보여주기는커녕 지엽적인 이야기를 계속

하며 나무도 아닌, 나뭇가지들을 계속 들이밀고 있는 형국이다.

이에 반해, 윤부장은 본부장이 원하는 답을 먼저 제시했다. 이른바 Answer First로 발표를 시작한 것이다. 그리고 최초 대답으로 제시한 전체 시장 성장률에 이어, 스마트폰과 피처폰이라는 대구분으로 나눠서 이야기를 이어갔고, 좀 더 구체적 아젠다인 지역, 고객군, 제품 카테고리 이야기에 들어가기에 앞서 미리 메뉴판을 보여주면서 청자들에게 훌륭한 내비게이션을 제시하며 대화를 이끌어 나갔다.

한편, 대답을 먼저 하지 않는 것으로 인한 청자의 답답함과 불편함은 일상생활에서도 관찰된다. 예를 들어, '점심 먹었니?'라는 간단한 질문에도 어떤 이들은 '점심 먹으러 학생회관에 갔는데, 원래 학생회관이 월요일에 문을 닫는데 오늘은 화요일인데도 갑자기 단수되어서 학생회관이 문을 닫은 거야. 할 수 없이 후문에 있는 순두부 식당을 가는 길에 김교수님을 만났어. 김교수님께서도 마침 식사하시러 가는 길이라 하시길래 같이 후문 길 건너편에 있는 순두부 식당을 가고 있는데, 글쎄 말이야, 횡단보도에서 접촉사고가 난 거 있지……'라고 답한다.

자, 밥을 먹었다는 것인가, 아니면 못 먹었다는 것인가? 약간의 과장도 섞여 있지만, 저런 식으로 말하는 사람을 주변에서 어렵지 않게 찾을 수 있을 것이다. 상대방이 원하는 답을 듣고 싶은 질문에는 상관없이, 의식의 흐름에 맞춰 인물과 사건 및 배경이 불러일으키는 수많은 연관 검색어와 해시태그의 꼬리를 쫓다가 결국 질문과는 상관없는 이야기로 마무리 짓는 사람들 말이다.

'그래서……. 아, 맞다! 질문이 뭐였지?'라고 질문을 환기하는 사람은 그나마 정신줄을 다 놓은 건 아니다. '점심 먹었니?'라는 질문에 대한 올바른 답변은 '응, 점심 먹었어' 혹은 '아니, 아직 못 먹었어'로 시작해야 한다. 잊지 않길 바란다.

Answer First가 서구권 문화보다는 한국 문화에서 더욱 어려운 것이 사실이다. 본인의 감정과 생각을 직설적으로 표현하는 것보다는 우회적으로 돌려서 전달하는 것이 미덕이라고 가르침 받아온 문화의 탓도 있는 것 같다.

이를 좀 더 깊게 들여다보기 위해서는 '공동사회'와 '이익사회'의 개념을 살펴볼 필요가 있다. 먼저 공동사회는 사람들 간의 인간관계에 기초한 사회로서, 서로에 대한 의무와 상호 일체감에 근거하고 있다.[13] 가족이나 종교 공동체, 그리고 친구 집단이 여기에 해당한다. 이런 관계 안에서는 서로에 대한 애정, 빈번한 대면

접촉, 공유된 경험, 심지어는 공유된 소유가 밑받침된다.

반대로, 이익사회는 어떤 목적을 염두에 둔 '수단으로서의 관계'에 기초하고 있다. 이익사회에서는 재화와 노동의 빈번한 교류가 발생하고, 협상과 계약이 사회 운영의 중요한 원리가 되며, 개인의 이익 추구와 경쟁이 장려된다. 기업이나 관료 제도가 이러한 관계의 전형이다.

문화심리학의 용어로서 공동사회는 대개 '집합주의적 사회'를 지칭하고, 이익사회는 '개인주의적 사회'를 지칭한다. 그리고 '상호의존성'과 '독립성'이라는 용어들도 비슷한 개념을 담고 있다.

동양사회는 집합주의적 사회로서 본인보다는 남의 생각과 입장을 먼저 고민하고 다른 사람과의 관계에서 형성되는 체면을 중요시한다. 따라서 직접적으로 본인의 생각을 이야기하는 것보다 상대방의 의중을 살피면서 간접적으로 의견을 돌려서 표하는 것이 예의라고 생각한다.

이에 반해, 서양사회는 본인의 의견과 이익이 최우선되는 개인주의적 사회이다. 따라서 '좋으면 좋다, 싫으면 싫다'와 같이 본인의 의견 표현이 명확하다. 오히려 돌려서 이야기하는 사람은 '떳떳하지 못한' 사람으로서 서양사회에서는 환영받지 못한다.

따라서 서양인, 특히 미국인은 동양인의 속마음을 알 수가 없다고 푸념하는 반면, 동양인은 미국인이 가끔 무례하다 싶을 정도로 지나치게 직설적이라고 생각한다.

이를 역사적으로 생각해 보면 서양사회에서는 그리스 시대부터 오랜 역사를 거쳐 본인의 주장을 펼치고 상대방과 논박하는 토론 문화를 중시한 반면, 동양사회에서는 제대로 된 토론 문화가 현대에 와서야 자리 잡았기 때문이다.

필자가 MBA 과정을 밟았던 인시아드(INSEAD)는 프랑스에서 출발한 국제학교로서 전 세계 90개국 이상의 다양한 국적의 학생들이 모여서 공부하는 곳으로 '작은 UN'이라는 별명을 갖고 있다. 한국에서 모든 교육 과정을 마쳤던 전형적인 한국 모범생이었던 필자는 아직도 첫 수업 시간의 광경을 잊지 못한다.

수업이 시작되고 얼마 지나지 않아 교수가 첫 번째 질문을 던졌다. 질문이 떨어지자마자 50명의 학생 중 약 20명의 학생이 손을 들었다. 마치 세상의 빛을 처음 본 아기 새가 어미 새가 물어다 주는 먹이를 쟁취하기 위해 사투하는 것과 같은 장면이었다. 특히 유럽, 미국 등 서구권 출신의 학생들이 토론을 주도한 반면, 한국, 일본 등 동양권 학생들의 발표는 상대적으로 적었다. 서양과 동양 사회의 토론과 대화의 차이점을 절실하게 깨달을 수 있는 순간이라 할 수 있다.

다시 결론으로 돌아오면, 한국에서 교육받고 사회생활을 시작한 사람에게 Answer First의 대화 방식은 절대 쉽지 않다. 하지만 오랜 시간을 들여 체계적으로 훈련한다면 누구나 바꿀 수 있는 영역이기도 하다.

마지막으로 한 가지 더 강조하고 싶은 것은 회사에서의 업무 시간에는 Answer First 모드로 이야기하는 것을 권장하지만, 친구들과 가볍게 술 한 잔하거나 가족끼리 식사하는 자리에서는 다시 집합주의적 방식으로 대화하는 것을 지향하길 바란다.

CHAPTER 05

구조화, 구조화 그리고 또 구조화

비즈니스의 문제는 보통 인과관계가 복잡하게 얽혀 있다. 그러므로 사고의 방기 없이 문제를 정리하려면 몇 가지 '정리 방정식'이 필요한데, 그 중 대표적인 두 가지 모델을 소개한다.[14]

먼저, 피라미드로 구조화하는 방법이다. '피라미드 원칙'이라 불리는 이 방법이 비즈니스 세계에 널리 퍼진 것은 맥킨지의 최초 여성 컨설턴트였던 바바라 민토(Barbara Minto) 여사가 지은 〈논리의 기술〉*이라는 책이 발간된 이후부터다. 이 책은 경영대학원을 마치고 맥킨지 등 컨설팅 회사에 입사한 신입 사원들의 필독서였다.

주요 내용을 요약하자면, 'Why?'와 'So what?'을 피라미드 구

* 원서는 The Pyramid Principle 이다.

조로 만든 것으로, 완전히 새로운 것은 아니었다. 사물을 체계적으로 정리할 때 피라미드 구조를 활용하는 것은 널리 알려진 기법이다.

논리적으로 사고하는 버릇을 가진 사람이라면 질문을 받았을 때 '이유는 세 가지이다. 첫 번째는…… 그리고 두 번째는……'과 같이 알기 쉽게 논리를 전개한다. 그러한 습관이 몸에 배어 있기 때문이다. 다시 말해 머릿속에 피라미드를 그리면서 이야기를 하는 것이다.

'세 가지' 화법

컨설팅 회사의 회식 자리에 앉아 있으면, 여기저기서 '세 가지가 있어' 화법이 귀에 못이 박히도록 들린다. '너 주말에 뭐할 계획이니?'라는 일상적인 질문조차도 '난 주말에 세 가지 계획이 있어. 첫째, 오랜만에 부모님을 찾아뵐 것이고, 둘째, 밀렸던 미드를 볼 것이고, 셋째, 미국에서 잠깐 돌아온 여동생이랑 놀아줄 거야'라는 식으로 대꾸하는 등 컨설턴트들은 모든 문장을 '세 가지가 있다'고 던지고 시작한다.

특히, 이러한 '세 가지 화법'은 주니어 컨설턴트들에게서 더욱 자주 관찰된다. 구조적인 사고를 하고, 체계적으로 전달하는 것이 미덕이라고 한창 단련되는 시기이다 보니 그러려니 할만하다.

하지만 직업병과 같은 이놈의 '세 가지 화법'에 집착하다 보면, 모든 문장이 보고서 슬라이드 헤드라인처럼 무미건조해지면서 인간미가 퇴색하는 것은 물론, 가끔 세 가지가 있다고 호언장담해 놓고 나서 두 가지만 이야기하는 오류를 범하는 부작용도 있다.

그런데 왜 하필 세 가지인가? 생각해 보면 우리는 과거부터 세 가지 조합에 대해 가장 익숙하게 살아왔다.

곰 세 마리가 한집에 있어 라던가, 삼 형제와 관련된 전래동화, 금·은·동메달, 하늘·땅·바다 등 심리학적으로 3가지를 받아들이기가 가장 편안하다는 것이다. 2가지는 왠지 부족하고, 4가지는 어디인가 번잡해 보이지 않는가?

아무튼 본 '세 가지 화법'은 구조화에 익숙하지 않은 일반 사람들이 가장 손쉽게 활용할 수 있는 체계적 사고의 프레임이라 할 수 있으니, 평상시 장황하게 넋두리하듯이 이야기한다는 평을 듣는 사람이라면 사용해 볼 것을 권장한다.

미시하지 않다?

구조화와 관련해서 조금 더 자세히 살펴보자.

피라미드 구조를 사용하는 비결은 한 마디로 가로와 세로를 확인하는 것이다. 곧 피라미드 각 층의 추상도는 균질한가, 그리고 맨 위의 피라미드(결론)를 지탱하는 하부 피라미드는 MECE로 되어 있는가가 점검 사항이다.

MECE (Mutually Exclusive, Collective Exhaustive; '미시'라고 읽음)는 '누락도 중복도 없을 것'을 의미하는 것으로서, '중요한 것과 그렇지 않은 것', '돈을 주면 살 수 있는 것과 살 수 없는 것'이라는 식으로, 'A와 A가 아닌 것'으로 구분하는 것이다.

MECE는 본래 맥킨지 내부에서 사용하던 용어였는데, 지금은 컨설팅 업계 전반에서 널리 사용되고 있다. 맥킨지 출신은 '맥킨지 마피아'라고 불릴 만큼, 컨설턴트로서만이 아니라 기업의 경영진으로도 많이 활약하고 있다.

그런 사람들이 있는 기업이나 논리 사고를 공부하고 있는 사람들 사이에서 '미시하지 않아' 같은 말이 통용되다 보니 비즈니스 용어로서 정착된 것이다. 미시를 다시 요약하자면, 서로 중첩되지 않으면서 하나도 빠짐없이 채워져야 한다는 것이다.

피라미드 구조는 보통 로직 트리*라는 형태로 나타난다. 로직 트리를 감성적으로 잘 표현한 다음 문구를 살펴보자.

노랗게 물든 숲속에 서 있던 로버트 프로스트(Robert Frost)는 이렇게 노래했다.[15]

숲속에 두 갈래의 길이 있었고,
나는 비교적 사람들의 발길이 닿지 않는 길을 택했노라고.
그로 인해 모든 것이 달라졌노라고.

이것을 도식화하면 다음과 같다.

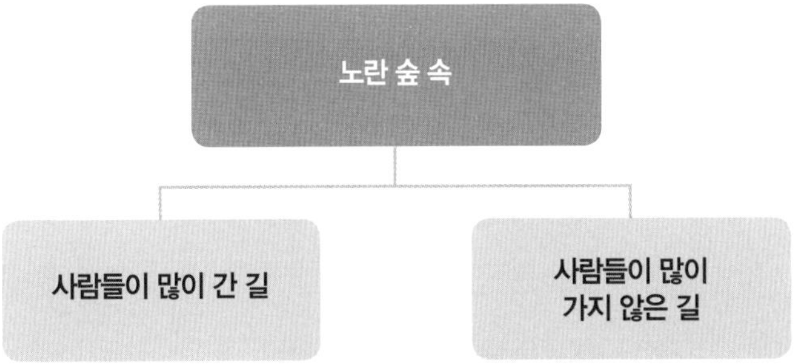

[노란 숲속의 두 갈래 길]

물론 여기서 선택이 끝난다고 보장되지 않는다. 각각의 길마

* Logic tree 혹은 이슈 트리(issue tree)라고도 한다.

다 또 다른 샛길들이 나 있을지도 모른다. 그러면 로직 트리는 훨씬 복잡해지고 정교해질 것이다.

다시 피라미드 구조 이야기로 돌아가자. 예를 들어, 생물을 가장 위의 상자에 올려놓으면 그 아래 상자는 동물, 식물, 원생동물이라는 상자가 될 것이다. 또 동물은 척추동물과 무척추동물로 나눌 수 있다. 비즈니스 과제를 다룰 때도 이처럼 해 볼 수 있다.

하지만 피라미드 하부로 내려갈수록 추상도가 낮아지면서 구체성이 높은 요소를 고르게 되기 때문에 완전한 MECE를 추구하기 어려워진다. 따라서 중요한 요인들 중에서 가급적 MECE가 실현되도록 유의해야 한다.

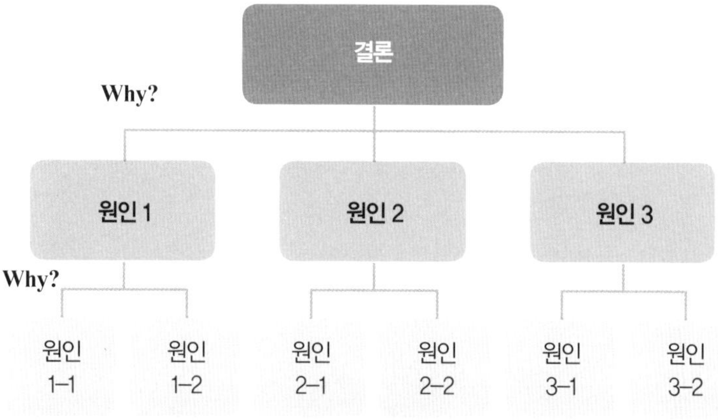

[로직 트리 예시 1]

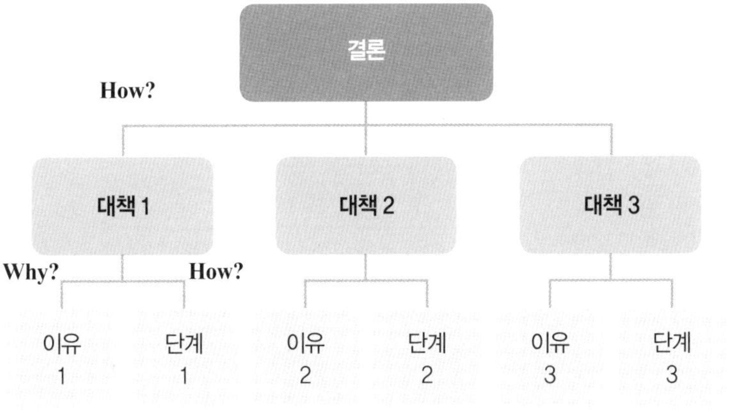

[로직 트리 예시 2]

매트릭스 프레임의 고수가 되자!

요소의 정리와 관련하여 소개할 또 하나의 기법은 '매트릭스'이다. 컨설턴트들은 논점을 명확히 할 수 있다는 장점 때문에 사물을 매트릭스로 정리한다. 이 장점을 살려 독립된 두 개의 축을 가지고 4분면으로 분석한다. 물론 세 개의 축을 가지고 3차원을 묘사하거나, 두 개의 축으로 9분면, 16분면을 나타낼 수도 있지만 너무 복잡해지면 매트릭스의 장점이 훼손될 수도 있다.

4분면(2×2) 매트릭스로는 보스턴컨설팅그룹이 만든 BCG 매트릭스가 유명하다. 그밖에도 앤조프의 다각화 모델이나 전략론, '조하리의 창' 등과 같은 행동과학 분야에서도 널리 사용된다.

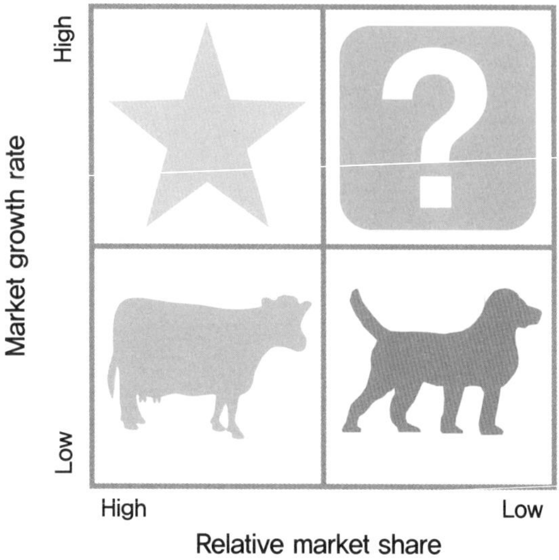

[BCG 매트릭스]

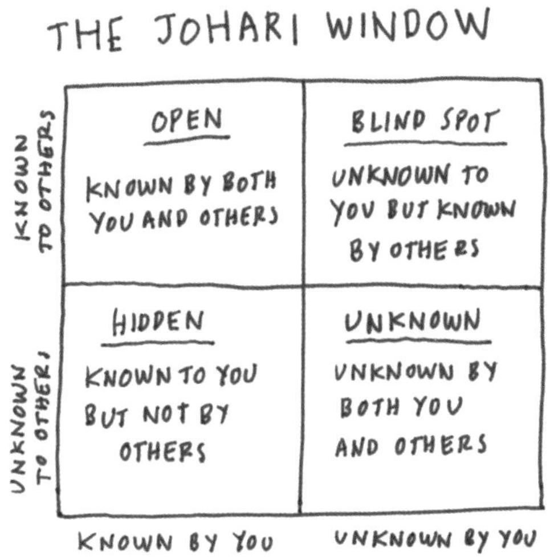

[조하리의 창]

매트릭스는 단순해 보이지만 축을 어떻게 잡느냐에 따라 가치가 결정된다. 이때 축의 맨 처음 점검은 MECE에 기반을 둔다. 다루는 과제에 중요한 축, 즉 변수는 없는지 살펴보고, 두 개의 축을 잡았을 경우에는 취급하는 과제를 충분히 망라하고 있는지, 또는 축이 독립된 변수이고 중복은 없는지 확인해야 한다.

아울러 메시지가 알기 쉬운지도 점검 사항이 된다. 완성도 높은 매트릭스는 보기만 해도 메시지가 전달된다. 매트릭스를 잘 그리기 위해서는 가능한 한 완성도 높은 것을 자주 보면서 보는 눈을 기르고, 자신의 머리로 충분히 음미하는 습관을 들여야 한다. 이런 식으로 훈련하면 누구나 매트릭스로 쉽게 문제를 정리할 수 있다.

매트릭스를 다른 관점에서 보면, 사람들이 생각하는 틀이자 상자이다. 흔히 새롭고 혁신적 아이디어를 부추기기 위해서 'Think out of box'를 제시하는 것도 다시 생각해 보면 사람들이 정해진 틀 안에서 생각하는 것이 익숙하기 때문이다.

근대 연기 이론의 초석을 세운 것으로 평가받는 기념비적 저서 〈배우 수업〉*에서 위대한 연출가인 콘스탄틴 스타니슬랍스키

* 원서는 An Actor prepares 이다.

(Konstantin Stanislavskii)는 테이블 아래로 숨는 연기를 지시받은 한 배우에 얽힌 일화를 소개했다.[16]

지문에는 무대 위로 즉각 위험이 엄습한 것으로 되어 있다. 물론 배우는 대본과 무대라는 가상의 제한된 공간 속에서 한평생 쌓아온 경험을 바탕으로 실제와 같은 감정을 분출하여 연기해야 한다. 그러나 이 배우는 테이블 아래 숨어야 하는 감정적 동기를 찾으려고 애썼으나 자신이 정말로 두렵다는 확신을 갖지 못했다.

두려움을 느낄 수 없었던 배우는 제대로 연기를 할 수 없었다. 그러자 연출가가 그에게 아무 생각도 하지 말고 그냥 테이블 아래로 들어가서 머리를 숨기라고 말했다. 배우는 지시받은 대로 했다. 연출가는 배우에게 어떤 느낌이 드는지 물었다. 그러자 배우는 두려움을 느낀다고 대답했다. 연출가는 "자네는 두려움을 느껴서 테이블 아래로 들어갈 때도 있지만 또 어떤 경우에는 테이블 아래에 들어가서 두려움을 느끼기도 할 것"이라고 말했다.

콘스탄틴 스타니슬랍스키가 서양 예술에 기여한 위대한 공헌은 '창조적 영감은 종종 구조로 이어지지만, 그만큼 자주 구조(프레임)가 창의성을 일깨우기도 한다는 사실'을 제시했다는 데 있다.

따라서 최근에는 'Think out of box'라는 말보다 오히려 'Think in the new box'라는 말을 하기도 한다. 사람들이 틀을 벗어나서 생각하는 것이 익숙하지 않은 것이 어쩔 수 없다면 차라리 새로운 틀을 먼저 만들고 그 안에서 생각하는 것이 더 효과적이기 때문이다.

이는 메시지를 받아들이는 사람의 입장에서도 마찬가지다. 청자 또한 프레임에 맞춰 생각하는 것이 익숙하기 때문에 프레임에 맞춰 전달되는 메시지는 청자 입장에서 심정적으로 훨씬 이해하기 쉽다. 매트릭스 프레임의 고수가 되어 체계적이고 구조적으로 생각하는 것은 컨설턴트처럼 사고하기 위한 훌륭한 나침반이 될 것이다.

CHAPTER 06

고객 마음속의 아젠다를 찾아내는 핵심 질문 기법

컨설팅 프로젝트를 진행하고 싶은 고객사는 통상적으로 2~3개의 컨설팅 회사에 경쟁 입찰을 제안한다. 이렇게 입찰을 제안하는 문서를 RFP (Request for Proposal)라고 하는데, RFP에서 고객사는 보통 2주 정도의 제출 기한을 주는 것이 일반적이다. 하지만 실전에서는 설이나 추석 연휴가 시작하는 전날 긴박하게 RFP가 도착하여 1주일 만의 시한을 주는 경우도 비일비재하다.

컨설팅 회사에서 가장 먼저 하는 것은 제안서 팀을 꾸리고 브레인스토밍에 들어가는 것이다. 앞으로도 자주 등장하겠지만 컨설팅 회사의 작업 단위는 철저히 팀 단위이다.

훌륭한 팀원 한 명이 프로젝트 전체의 성패를 좌우하는 것도 아니며, 팀원 중 한 명이 뒤처진다고 해서 프로젝트 결과물이 망가지는 것도 아니다. 4~5명으로 구성된 팀이 동고동락하며, 유기적으로 생각을 주고받으면서 하나의 공동 작품을 탄생시키는 것이다. 집단지성이자 조직의 협동 역량을 보여주는 결정체라고 할 수 있다.

조직 정신이 무엇인지를 잘 설명하는 두 가지 표어가 있다. 하나는 앤드류 카네기(Andrew Carnegie)의 묘비에 각인된 다음과 같은 비명이다.[17]

이곳에 자신의 목표를 달성하기 위해 자신보다 더 우수한 사람들을 자신의 부하로 선발하여 일을 시키는 방법을 알았던 한 사람이 묻혀 있다.

다른 하나는 신체장애인들로 하여금 적극적으로 일자리를 찾도록 촉구하는 다음과 같은 표어이다.

중요한 것은 당신이 갖고 있는 능력이지, 당신이 갖고 있지 않는 능력이 아니다.

"평범한 사람이 비범한 일을 할 수 있도록 만드는 것"이 곧 조직의 목적이다. 조직은 천재에게 의존할 수가 없다. 이 세상에 천재의 공급은 늘 부족하고 또 언제 공급될지 예측할 수도 없다.

그러나 평범한 사람들로 하여금 그들 자신의 능력 이상으로 일을 하도록 하고, 구성원들이 가진 역량이면 그 무엇이라도 이끌어내는 것이 바로 조직인 것이다.

앞서 휴일 직전 RFP를 받아들인 제안서 작성 팀의 입장으로 돌아가 보자. 이럴 경우 컨설턴트들은 꼼짝없이 연휴 기간 내내 밤샘 작업을 해야 하고 가족들에게는 죄인이 될 수밖에 없는 노릇이다. 그나마 프로젝트 수주에 성공하면 다행이지만 제안서 단계에서 탈락하는 경우도 허다하다. 어차피 인생은 확률 게임이다.

제안서 작성팀은 RFP의 내용을 꼼꼼히 읽어보고 가장 먼저 착수하는 것이 핵심 질문 리스트를 작성하는 것이다.

- **고객사는 왜 이 프로젝트를 우리 컨설팅 회사와 하고자 하는 것인가?**
- **RFP에 담겨 있는 프로젝트 주제 이면에 담겨 있는 숨은 의도 (Hidden Agenda)가 있는가?**
- **경쟁 컨설팅 회사는 어떻게 접근할 것이며, 우리는 이들과 어떻게 차별화할 것인가?**

이 외에도 수많은 질문을 머리에 담아두고 프로젝트 기간 동안 어떠한 내용을 수행할 것인지를 고려하여 핵심 질문을 써내야 한다.

필자는 과거 국내 선도 생명보험사와 지점 업무 최적화 프로젝트를 진행한 경험이 있다.

고객사는 전국에 200여 개의 지점을 갖추고 있으며 지점별로 대략 30~50명의 설계사가 근무하고 있다. 지점 외에도 방카슈랑스, 텔레마케팅 채널, 온라인 판매 채널 등 다양한 채널이 존재하고 있으나, 여전히 전체 매출의 대부분을 지점 설계사 조직에 의존하고 있다.

하지만 최근 전체 생명보험시장의 성장세가 주춤하고 경쟁 환경이 격화되면서 지점의 생산성이 예전만 같지 않았다. 본 프로젝트에서 고객사가 가장 궁금해 하는 핵심 질문은 무엇일까?

다시 한번 프로젝트의 주제를 자세히 보면 '최적화'라고 기술되어 있다. '효율화'라는 이름이었다면 비용 절감에 방점이 찍혔을 테지만, '최적화'라는 주제는 비용 절감과 생산성 제고를 모두 아우르는 것으로 예상할 수 있다. 프로젝트팀은 초기 브레인스토밍 회의 후 다음과 같은 초기 핵심 질문을 도출했다.

- **지점의 업무 프로세스 효율화 및 비용 절감 방안은 무엇인가?**
- **지점 설계사 조직의 생산성 증대 방안은 무엇인가?**
- **본사의 지원 조직과 프로세스는 어떻게 변화해야 하는가?**

그렇다면, 히든 아젠다를 찾는 방법론이 있을까?

가장 효과적인 방법은 고객사와의 가벼운 티타임을 활용하여 마음을 떠보는 것이 있다. 이때, 바넘 효과(Barnum Effect)라는 심리 효과를 활용하는 것도 좋은 방법이 될 것이다.[18]

바넘 효과는 사람들이 보편적으로 가지고 있는 성격이나 심리적 특징을 자신만의 특성으로 여기는 심리적 경향을 뜻한다. 1940년대 말 심리학자 버트럼 포러(Bertram Forer)가 성격 진단 실험을 통해 바넘 효과를 처음으로 증명한 까닭에 '포러 효과'라고도 한다.

예를 들면, 결혼한 여성을 상대로 아무에게나 "남편이 손쓰는 일을 하고 계시네요?"라고 말한다면 그 말을 들은 여성은 상대방이 투시력이 있는 것으로 착각하게 된다. 이 세상에 손을 사용하지 않는 일이 어디 있겠는가?

이는 주로 점쟁이들이 자주 사용하는 심리 기법으로 "생각보다 내성적이군요", "스트레스를 줄일 필요가 있어요" 등과 같이 대부분의 사람에게 해당할 것 같은 말로 대화를 시작하여 마치

마음을 꿰뚫어 보는 것과 같은 신뢰감을 형성하는 것이다.

고객사와의 가벼운 티타임에서 "최근 고민이 많으시겠어요"라고 대화를 시도해 보자. 고민이 없다면 왜 굳이 비싼 금액을 지급하면서 컨설팅을 하려고 하겠는가?

하지만 이 대화의 가장 중요한 목적은 대화의 초점을 컨설턴트가 아니라 고객사에 두려는 것으로서 더욱 진솔한 대화의 물꼬를 트기 위함이다. 이런 바넘 효과를 건전하게 이용한다면 상대방의 마음을 어느 정도 장악할 수 있다.

CHAPTER 07

성공한 가설 수립 및 작업계획 핵심 노하우

보스턴컨설팅그룹이나 맥킨지와 같은 전략컨설팅 회사는 철저히 가설 중심의 사고를 지향한다. 쉽게 말하면, '고민보다 Go!'의 정신으로 일단 지르고 시작하는 것이다. 프로젝트를 수행하는 것은 마치 반지 원정대가 반지를 찾아 떠나는 머나먼 여정과도 같다. 추위, 배고픔과 사투해야 하는 것은 물론, 중간에 어떠한 요괴가 나타날지도 모르며, 팀원들 간에 갈등이 생길 수도 있다.

이러한 여정을 끝까지 무사히 마무리하기 위해서는 최종 목적지까지 안내하는 지도와 나침반이 필요한 것처럼 프로젝트 진행에 있어 가설이라 함은 프로젝트 마무리 시점까지 프로젝트팀원들과 고객사를 하나의 목표로 이끌어내는 내비게이션과도 같은 것이다.

컨설팅 업계에서는 '바다를 끓인다(Boil the ocean)'라는 표현이 있다. 이는 뚜렷한 가설이 없는 상황에서 소위 '맨땅에 헤딩'하는 무모한 작업을 진행하거나, 여러 날 밤샘 작업을 하다가 중간에 '이 땅이 아닌가벼'라며 다른 곳으로 방향 선회를 하는 경우를 일컫는다. 이러한 끔찍한 결과를 피하려면 다소 무모해 보이더라도 명확한 초기 가설을 정해놓고 시작하는 용기가 필요한 것이다.

[바다 끓이기]

따라서 초기가설 수립 단계에서는 무엇보다도 선택과 집중이라는 기술이 필요하다. 사람들이 소위 말하는 '80 : 20의 법칙(파레토의 법칙)'이 필요한 것인데, 80%의 임팩트를 차지하는 20%에 집중하는 것이 투입 대비 효과적이기 때문이다.

초기 가설을 도출할 때는 해당 산업과 문제를 대략 알 수 있는 정도의 사실 수집만으로도 충분하다.[19] 이 단계에서는 모든 사실을 반드시 수집할 필요는 없다.

관련 문제가 당신이 아는 사업 분야라면 이미 머릿속에 사실들이 있을 수도 있다. 그러면 더할 나위 없이 좋겠지만, 그래도 사실만으로는 충분하지 않다. 당신은 그것들에 구조를 적용시켜야 한다.

앞서 언급한 생명보험사 사례를 다시 이야기해 보자. 이 사례에서 초기 가설은 어떠한 내용이 될 것인가? 생명보험사 조직을 보면, 영업 중심(Sales-driven) 조직이다. 설계사는 생명보험사 전체 성장의 핵심 자원으로서 비용 절감을 위해서 설계사를 구조조정하는 것은 쉽지 않은 결정이다.

그렇다면 비용 절감의 타겟은 어쩌면 설계사 외 지원 인력(예를 들면, 지점별 사무직 직원이나 본사의 지원 부서 인력 등)이거나 사무실 임차 비용일 가능성이 높다.

지점별 사무직 직원을 좀 더 구체적으로 생각해 보자. 설계사 인력이 대부분 40대 이상의 중년 여성으로 구성되어 있다 보니 사무직 직원은 아무래도 설계사 인력들의 행정 처리를 지원해 주는 역할이 대부분일 것이다.

그렇다면 사무직 직원의 업무를 조금 더 구체적으로 파악해 보는 것이 핵심이라고 생각된다. 사무직 직원의 업무 중 비효율적

요인은 없는지, 더 나아가 IT 시스템 도입을 통한 업무 자동화를 할 수는 없는지 등을 파악해 볼 필요가 있다.

특히 사무직 직원과 설계사 간 오고 가는 업무 프로세스에 대한 이해가 필수적인데, 이 부분을 효율화할 경우 두 마리 토끼를 잡을 수 있기 때문이다.

즉, 설계사 입장에서는 행정 처리에 들이는 시간을 줄여 고객을 만날 수 있는 영업시간을 더욱 확대해 줌으로써 생산성 증대를 모색할 수 있고, 사무직 직원 입장에서는 업무를 효율화함으로써 투입 노동력 감소를 고려할 수 있다.

따라서 최초 가설은 사무직과 설계사 간 업무 프로세스 중 효율화할 수 있는 기회를 극대화하여 설계사의 생산성 증대와 사무직의 업무량 감소를 모색해야 한다는 것이다.

여기서 한 가지 더 고민해야 할 것이 있다.

사무직 업무량을 50% 줄이는 방법을 찾았다고 가정해 보자. 지점별로 사무직이 보통 1명 근무하고 있기 때문에, 사무직 업무량이 50%로 줄어든다고 할지라도 여전히 50%의 업무가 살아 있다면 사무직 감축 방안은 요원한 목표가 될 수 있다.

하지만 보험사 지점들이 은행 지점과는 달리 한 건물에 여러 지점이 몰려 있는 경우가 대부분이기 때문에 2개 지점 간 통합 후 2개 지점에 있던 사무직 2명을 1명으로 감축하여 2개 지점이 1명의 사무직 직원을 공유하는 Shared Service로의 구성이 가능할 수 있다.

더 나아가 업무의 자동화 등을 통해 설계사가 지점에서 근무하는 시간을 최소화하고 고객과의 미팅 등 현장에 나가 있는 시간을 더욱 늘려준다면 지점 내 공간도 현재보다 축소하여 운영할 수 있을 것이다. 지점 사무직 인건비 감소와 임차비 감소라는 두 가지 목표를 동시에 달성할 수 있게 된다.

마지막으로 지점의 업무가 자동화되고 간소화되면 이를 지원해 주는 본부의 유관 부서 업무도 변화하게 된다. 또한, 부수적인 효과이지만 지점 업무가 전산화될 경우 기존 종이 기반 업무들이 대거 감소하면서 문서 출력비(보험 상품 가입 시 서명하던 수십 장의 문서를 한번 생각해 보라) 역시 획기적으로 줄일 수 있을 것이다.

이렇게 도출된 가설은 구조화의 법칙에 맞춰 이슈 트리로 정리할 수 있다. 바꿔 말하면, 초기 가설에서 시작하여 각각의 이슈로 가지를 뻗어 나가는 것이다. 앞의 생명보험사 사례를 바탕으로 이슈 트리를 정리해 보면 다음과 같다.

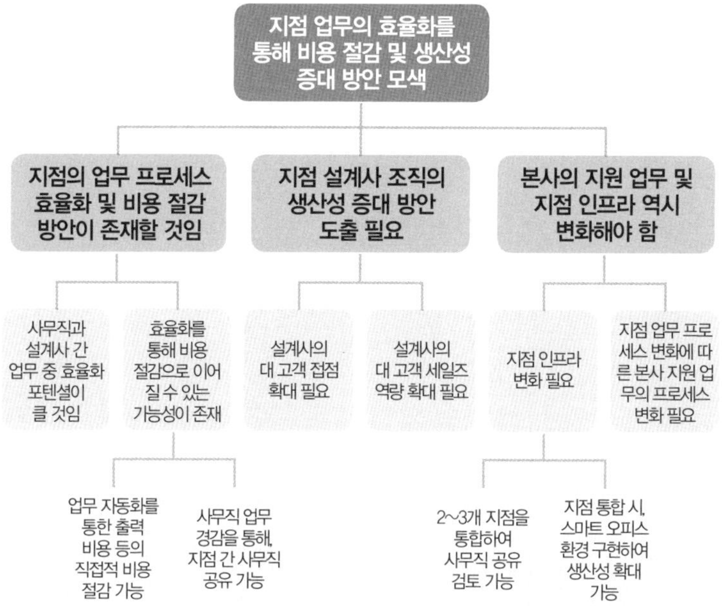

[생명보험사 이슈 트리]

작업 계획 작성

이슈 트리를 정리하고 나면, 이슈 트리의 마지막 단계가 결국 분석 작업의 대상이 된다. 작업 계획 작성을 위해서 이슈 트리 전체를 왼쪽으로 90도 회전해 보자. 그러면 마지막 단계가 오른쪽 끝으로 오는데 이 마지막 단계를 어떻게 검증할 것인지 각종 분석 방법을 고민해야 한다.

어떠한 작업을 누가 어느 기간에 걸쳐 수행할지가 내부적인 토론을 통해 결정되는데, 이를 체계적으로 정리하면 작업 계획이 되는 것이다. 작업 계획은 통상 엑셀로 작업한다.

앞의 생명보험사 사례를 활용하여 작업 계획을 예시로 작성해 보자.

Level 1	Lv 2	Lv 3	Lv 4	Analysis/ Task	스케줄 Week 1	Week 2	Week 3	Week 4	Week 5	Week 6	Week 7	Week 8	예상 결과물	담당자
지점 업무의 효율화를 통해 비용 절감 및 생산성 증대 방안 모색	지점 업무 프로세스 효율화 및 비용 절감 방안이 존재할 것임	사무직과 설계사 간 업무 중 효율화 포텐셜이 클 것임		사무직의 하루 일과 분석									사무직의 업무별 Time Consumption	김 컨설턴트
				사무직의 업무 프로세스 분석									업무 프로세스 맵	김 컨설턴트
				설계사의 하루 일과 분석									설계사의 업무별 Time Consumption	김 컨설턴트
				설계사의 업무 프로세스 분석									업무 프로세스 맵	김 컨설턴트
		효율화를 통해 비용 절감으로 이어질 수 있는 가능성이 존재	업무 자동화를 통한 출력 비용 등의 직접적 비용 절감 가능	업무 프로세스 중 낭비 요인 분석									낭비요인 리스트	이 컨설턴트
			사무직 업무 경감을 통해, 지점 간 사무직 공유 가능	벤치마킹 (국내외)									사무직 공유 모델 초안	이 컨설턴트
	지점 설계사 조직의 생산성 증대 방안 도출 필요	설계사의 대 고객 접점 확대 필요		설계사 인터뷰 고객 인터뷰									고객 직접 확대 방안	이 컨설턴트
		설계사의 대 고객 세일즈 역량 확대 필요		지점장 인터뷰									고객 세일즈 확대 아이디어	이 컨설턴트
	본사의 지원 업무 및 지점 인프라 역시 변화해야 함	지점 인프라 변화 필요	2~3개 지점을 통합하여 사무직 공유 검토 가능	벤치마킹 (국내외)									스마트 오피스 아이디어	박 컨설턴트
			지점 통합 시, 스마트 오피스 환경 구현하여 생산성 확대 가능	벤치마킹 (국내외)										
		지점 업무 프로세스 변화에 따른 본사 지원 업무의 프로세스 변화 필요		본사 지원 조직 인터뷰									본사 지원 조직 업무 프로세스 맵	박 컨설턴트

[작업 계획 예시]

CHAPTER 08

가설 검증, 반복의 심리학

가설을 검증하기 위한 작업 계획이 수립되었다면 이제 실제 실행해야 하는 단계이다. 데이터 분석, 전문가 인터뷰, 고객 서베이 및 선도사 벤치마킹 등 가설 검증을 위해 할 수 있는 분석과 관찰할 수 있는 데이터 포인트는 수도 없이 많다.

하지만 가설검증의 핵심은 이러한 분석 작업 그 자체가 아니라 분석 작업을 통해 도출된 관찰 결과(findings)를 기반으로 가설을 다시 검증하고 최초 가설을 다시 구성하는 반복적인 가설 검증과 진화에 있다.

반복적인 가설 검증의 방법: 섀도복싱

가설 검증 시에 섀도복싱의 개념을 활용할 수 있다. 권투선수가 가상의 적을 앞에 세우고 펀치를 피하고 펀치를 가하는 것을

새도복싱이라고 한다.[20]

전략을 수립할 때도 비판적인 관점에서 가설을 여러 방향에서 공격해야 한다. 그리고 공격을 받는 측은 공격을 피하면서 가설의 수준을 높여가며 역공을 가한다. 가설을 검증할 필요가 있는 경우 현장에서 정보를 수집한다. 이런 작업의 반복을 지적 새도복싱이라고 한다.

가설을 진화시키는 지적 새도복싱이란 경영전략뿐만 아니라 다양한 지적 작업에서도 효과적이며, 그 중요성에 대해서는 이미 많은 전문가가 지적한 바 있다. 논픽션 작가인 사노 신이치(佐野眞一)는 이렇게 말한다.

"논픽션 작가의 역량이란 '가설'이 '사실'에 의해 입증되지 않는 시점에서 원점으로 되돌아가는가, 아니면 이를 새로운 '의문'으로 받아들이고 다음 '사실'의 추구를 위해 더욱더 노력하는가의 차이이다."

결국, 가설 검증에 있어 최대한 논리적으로 연결하려는 자세를 견지하되, 우리가 알고 있거나 믿고 있는 것이 정말 진실인지를 끊임없이 캐묻는 비판적 사고를 해야 한다.

끊임없는 비판적 사고의 중요성

"나는 생각한다. 고로 나는 존재한다"라는 데카르트(Descartes)의 말은 당시의 시대적 배경 위에서 이해해야 한다.[21] 당시 유럽의 교회들은 종교적 비리(예: 면죄부 판매)를 저지르면서 시민들에게 무조건적 수용을 요구하고 있었고, 이런 폐단으로 인하여 종교개혁 운동(1517~1648)까지 일어났다.

이런 시대적 배경에서 '생각하는 (예: 면죄부를 구입하면 죄가 지워질까?) 인간'이 되기를 주장한 것이 데카르트의 철학이다. 교부들의 가르침이라도 무조건 수용하지 말고 생각하라는 의미이다. 자신의 생각과 행동 등에 관해서도 '더 이상 의심의 여지가 없을 때까지' 생각함으로써 참된 삶에 이를 수 있다는 것이 데카르트의 가르침이다.

컨설턴트 3년 차쯤 되면 매년 수백 장의 슬라이드를 그리게 되는데, 파트너나 고객사로부터 찬사를 받는 순간이 찾아올 때가 있다. 이 순간이 컨설턴트로서 가장 경계해야 하는 순간이다.

당장의 칭찬과 인정에 도취해 '승자 효과'에 빠지게 되면 남은 수십 년의 커리어를 지난 3년간 배운 지식과 경험의 틀 안에 가두는 실수를 할 수 있기 때문이다.

승자 효과를 이겨내기 위한 반성적 사고

승자 효과나 타성을 떨쳐내는 데는 특별한 기술이 없다. 더욱 부단히 비판적 사고를 하는 것이 방법이다. 더 나아가, 비판적 사고를 넘어 반성적 사고를 해야 승자 효과로 인해 온몸에 퍼져 있는 독버섯과 같은 테스토스테론을 씻어낼 수 있을 것이다.

워런 버핏(Warren Buffett)이 최고의 투자자가 된 데는 여러 이유가 있겠지만 '반성적 사고'가 큰 역할을 했음을 부인하기 어렵다.[22] 그 이기기 힘들다는 시장에서 수십 년 동안 이겼음에도 불구하고 버핏은 자신의 부족함을 드러내는 데에 주저함이 없다. 버핏은 2017년 7월 중국 대담 방송프로그램 신랑차이징(新浪財經)에서도 "7~8년 전 마윈 알리바바 창업자와 만나 식사를 했는데 정말 멋진 기업인이라는 것을 알게 됐다. 하지만 그의 사업을 잘 몰라 알리바바를 사야 할지를 판단하지 못했다. 실수였다."고 말했다.

보스턴 셀틱스 농구팀을 13년 동안 11회나 우승시킨 빌 러셀(Bill Russell)은 미국 NBA의 전설로 통한다. 빌 러셀은 자신만의 독특한 습관이 있었다. 경기가 끝날 때마다 자신의 플레이를 1~100점 사이로 스스로 평가했고 그것을 점수 기록표에 썼던 것이다.

그런데 NBA 선수 중 최고로 많은 우승 반지를 소유한 그답지 않게 1,200회가 넘는 시합 중 100점을 기록한 적이 없었다. 그러면 90점은? 없다. 자신이 스스로에게 내린 최고 점수는 겨우 65점이었다. 빌 러셀은 승리에 도취하지 않게 자신을 매우 박하게 평가했으며 이러한 끊임없는 반성을 통해 테스토스테론이 자신의 뇌를 휘젓게 놓아두지 않았다.

가설을 세우고 가설 검증 결과에 따라 가설을 재수립하는 일련의 프로세스는 스포츠 세계에서 가장 극명히 드러난다. 특히 복싱, 야구, 축구처럼 상대방과 부딪히며 1 대 1로 싸우는 경우, 감독들의 지략 싸움과 전술 변화는 경기의 승부를 결정하는 핵심 요인이다.

축구에서는 많은 극적인 명승부가 펼쳐진다. 그중에서도 많은 사람의 입에 회자되는 명승부는 2005년 리버풀과 AC밀란의 챔피언스리그 결승으로서 소위 '이스탄불의 기적'으로 불린다.

시간을 거슬러 2005년 챔피언스리그 결승전이 열린 터키 이스탄불의 아타튀르크 경기장으로 시선을 옮겨보자.[23] 결승에 오른 AC밀란은 그 당시 강력한 우승 후보였다. 카카, 안드리 세브첸코, 안드레아 피를로, 에르난 크레스포, 파울로 말디니까지 막강

스쿼드*였다. 그에 비해 상대팀 리버풀은 말 그대로 언더독**이었다. 스쿼드 면에서나 과거의 화려했던 전성기 시절에 비하면 보잘것없었다.

예상대로 리버풀은 전반에만 내리 3골을 내줬다. 전반 1분 만에 AC밀란의 말디니에게 선제골을 허용했고 크레스포에게 연속골까지 내주며 '빅이어'(UEFA 챔피언스리그 우승컵의 별칭으로 큰 귀가 달린 듯한 디자인 때문에 붙여진 이름이다)를 AC밀란에 헌납하듯 넘겨야 했다.

전반이 끝나고 0 대 3의 상황에서 선수들은 모두 라커룸으로 들어왔다. 5분간 아무도 어떠한 말도 하지 않았다. 곧 베니테스 감독이 들어와 선수들 앞에서 차분하게 "0 대 3 상황이지만 우리에게 45분이 남아 있다. 결과를 바꿀 수 있는 시간이다. 바꿔야 한다"고 말했다. 전술에 변화를 줬고 선수 한 명을 교체하면서 디디 하만을 투입했는데, 정말 적절한 교체였다.

리버풀은 스티븐 '더 캡틴' 제라드를 중심으로 0 대 3 최악의 상황에서도 포기하지 않았다. 후반 9분 제라드는 리세가 왼쪽 측

---

* 스쿼드(squad)는 운동을 하거나 경기에 참여할 때 하나의 유닛이 되는 선수 그룹을 일컫는 용어이다(네이버 지식백과).

** 언더독(underdog)은 스포츠에서 우승이나 이길 확률이 적은 팀이나 선수를 일컫는 용어이다(네이버 지식백과).

면에서 올린 크로스를 머리로 받아 넣어 만회 골을 성공시켰다. 이후 리버풀은 2분 만에 스미체르의 중거리 슛으로 3 대 2까지 추격한다. 여기에 사비 알론소의 페널티킥으로 동점골을 성공시키며 단숨에 3 대 3으로 균형을 맞췄다. 불과 6분 사이에 3골이 터졌다.

양 팀은 연장전에 돌입했지만 득점은 없었고 승부차기로 이어졌다. 리버풀은 승부차기에서 골키퍼 예르지 두덱의 선방에 힘입어 '빅 이어'를 들어 올렸다. 리버풀은 무려 21년 만에 챔피언스리그 정상에 올랐다. 그렇게 '이스탄불의 기적'은 챔피언스리그 역사의 한 페이지를 장식하게 된다.

축구에서의 전술은 결국 승리를 위한 가설이다. 상대방이 어떠한 선수를 선발로 내고 어떠한 포메이션을 들고 나올지에 대한 예측에 근거해서 우리 팀 또한 팀원 구성과 전술을 맞춰내는 것이다. 하지만 선발 전술보다 더욱 중요한 것은 경기의 상황에 따라 유연하게 전술을 바꿔나가는 것이다.

결국 가설 수립과 가설 검증은 한 번에 끝나는 일회성 작업이 아니라 지속해서 관찰하고 상황에 따라 유연하게 대처해야 하는 연속적인 프로세스라는 점을 다시 한번 강조하고 싶다.

가설 검증을 위해서는 결국 '확산적 사고'와 '수렴적 사고'의 반복이 필요하다.[24] 처음에는 시야를 점진적으로 확산하는 노력이 필요하다. 우리의 고질적 습관이나 다름없는 성급한 구조화와 이미 존재하는 해결방안의 제시 등과 같은 덫에 걸리지 않기 위해 주변을 가능한 한 넓고 멀리 보는 것이다.

이 과정을 통해 일련의 새로운 콘셉트가 창출되고 나면 수렴을 통해 과정을 반전한다. 선택 범위를 점진적으로 좁혀가며 가장 전도유망한 대안에 도달하는 것이다.

관성을 깨우는 'What if' 정신

대형 유조선을 정지하려고 엔진을 역회전해도 1마일 정도는 더 가야 한다.[25] 이처럼 변화에 저항하는 힘을 관성이라고 부른다.

기업의 관성은 환경 변화에 대한 대응을 가로막는다. 그래서 변화를 위한 프로그램을 추진해도 기본적인 사업 관행을 바꾸는 데 오랜 시간이 걸린다.

경쟁자의 관성은 종종 효과적인 전략을 수립할 기회를 제공한다. 예를 들어 넷플릭스*는 블록버스터가 소매 유통에 초점을 맞추

* 넷플릭스(Netflix)는 스트리밍 미디어, 온 디맨드 비디오, DVD 대여 서비스를 제공하는 미국의 다국적 엔터테인먼트 기업이다.

는 전략을 고수한 덕분에 경쟁에서 이길 수 있었다. 또한 마이크로소프트는 휴대전화 운영체제에서 일찌감치 앞서갔음에도 개선 작업을 게을리하는 바람에 애플과 구글에 선두자리를 빼기고 말았다.

이처럼 경쟁자와 관성을 파악하는 일은 자신의 강점을 파악하는 일만큼 중요하다. 결국 관성의 영향은 외부의 위협만큼 중대한 도전이다.

가설을 세우고 검증하는 단계에서도 이는 마찬가지다. 1차 검증을 통해 어느 정도 만족할 만한 답을 얻었다고 생각되는 순간이 가장 위험한 순간이다. 몸속에 관성 에너지가 쌓이게 되고 한 단계 더 깊게 들어가려는 의지를 잡아 끌어내릴 것이다.

『대학(大學)』은 "일신우일신(日新又日新)" 했던 상나라 탕(湯) 임금의 사례를 제시하며, 사람이 관습에 안주하려는 타성을 넘어서 나날이 새로워져야 한다는 영구 혁신과 평생 학습의 가치를 일깨우고 있다.[26]

상나라 때 사람이 목욕을 하거나 세수를 할 수 있는 큰 그릇으로 반(盤)이 있었다. 오늘날 세숫대야나 욕조에 해당한다고 할 수 있다. 예나 지금이나 목욕은 몸의 묵은 때를 벗겨 내는 일로 시간이 꽤 걸린다. 탕은 몸의 때를 벗겨 내는 긴 시간을 그냥 흘려보내지 않고 생각을 정리하기 위해 반에다 글귀를 새겼다.

"진실로 하루라도 새로워지려면 날마다 새로워지고 또 날로 새로워져야 한다(구일신·苟日新, 일일신·日日新, 우일신·又日新)."

탕은 세숫대야에 아홉 글자를 새겨 관성에 안주하려는 자신을 일깨우려고 했다. 이렇게 새로워지려는 의지는 목욕을 통해 그 의미가 크게 증폭됐다. 몸이 목욕으로 깨끗해지고 마음도 관행에 안주하지 않고 새로워지는 결의를 다지게 되는 말이다. '성경'에서도 새 술은 새 부대에 담아야 포도주가 발효되는 과정을 견뎌내서 좋은 술을 만들 수 있다고 한다.

탕이 세숫대야에 새긴 글을 반명(盤銘)이라고 한다. 그 뒤로 사람이 생활하던 주위 장소나 주위에 있는 물건을 글귀를 새겨서 스스로 다짐을 하는 경우 좌우명(座右銘)이라고 불렀다. 흔히 시험 때가 되면 책상 앞에 시험 날짜나 "인내는 쓰고 열매는 달다"라는 글귀를 새기는 것도 일종의 좌우명이라고 할 수 있다.

기존의 생각을 끊임없이 의심하고 관성과 타성을 깨기 위한 노력은 혁신적 마인드로 똘똘 뭉친 글로벌 선도 기업에서도 여실히 관찰된다.

아마존의 제프 베조스(Jeffrey Bezos)나 세일즈포스닷컴의 마크 베니오프(Marc Benioff) 같은 혁신적 창업가에게 다음 질문을 던져봤다.[27] "당신 회사가 그처럼 혁신적 기업이 될 수 있던 요인은 무엇인가? 회사 내부에서 어떤 노력을 하기에 혁신적 제품이나 서비스, 프로세스가 나올 수 있는가?"

우리는 인터뷰를 통해 혁신적 창업가는 본인의 혁신가 DNA를 조직에 이식시켜 영향을 준다는 것을 알 수 있었다. 실제로 베조스는 아마존이 창의적 사람들로 둘러싸여 있다고 말한다.

베조스는 아마존에 입사를 원하는 지원자 모두에게 "당신이 개발해낸 것을 말씀해 주시겠어요?"라고 물어본다. CEO가 전체 지원자에게 뭔가를 만들어본 적이 있는지 묻는다는 것은 창의력을 기대하고 중시한다는 뜻이다. "저는 또한 자신이 세상을 바꿀 수 있다고 믿는 사람을 찾습니다. 세상이 변할 수 있다고 생각한다면, 당신이 그러한 세상의 한 부분이 될 수 있다고 믿는 것도 지나친 일은 아니겠지요."

요컨대, 베조스는 자신처럼 새로운 것을 해 보려는 자세를 지닌 사람을 찾는다. 베조스는 혁신적 아이디어를 만들어내기 위해 개인적으로 실험을 즐긴다. 그는 또 '~하면 어떨까(What if)'라고 이의를 제기하면서 도약하려고 노력한다. 결국 이 철학은 아마존 문화의 한 축이 되어 직원들 역시 '~하면 어떨까(What if)'라고 반추하며 도약을 꿈꾸게 되었다.

심리 속의 심리상자 2

한 번 정해지면 벗어나기 힘들다

모든 항공기 연료 탱크 양쪽에 달린 로켓 추진체의 넓이는 143.5cm이다. 왜 143.5cm로 고정되어 있을까? 현재 철로의 궤도 간 표준 거리도 143.5cm이다. 추진체는 정밀기기이기 때문에 진동이 적은 기차로 운반해야 하므로 철로 거리에 맞춘 것이다. 그렇다면 철로의 표준 거리는 왜 143.5cm일까?

19세기 영국에서는 마차 선로를 그대로 이용하여 증기기관차를 운행하기 시작했다. 이때 철로 거리는 마차 선로를 따른 것이다. 마차 선로는 영국 도로의 수레바퀴 너비를 따라서 만들어졌다. 수레바퀴 도로를 벗어나서 달리면 마차의 바퀴는 쉽게 망가지기 때문이었다. 수레바퀴 자국은 2000년 전 영국을 지배했던 로마의 법을 따른 것이었는데, 로마인들이 자신의 군대를 위해서 건설했기 때문이었다. 로마의 전차가 다닐 수 있도록 도로를 건설한 것이었다.

그렇다면 로마인들은 자신의 전차 너비를 왜 굳이 143.5cm로 지정한 것일까? 이는 전차를 이끄는 두 마리 말의 엉덩이 너비에 따라 결정되었다. 2000년 전 두 마리 말의 엉덩이 너비가 현재 로켓 추진체의 너비를 결정한 것이다.

이렇게 한 번 정해진 체제가 기존의 방향대로만 계속 발전, 강화되는 현상을 경로의존의 법칙(Law of Path Dependency)이라고 한다.

경로의존의 법칙은 영문 키보드 자판인 qwerty 자판에서도 찾을 수 있다. 과거 기계식 자판은 원래 알파벳 순서대로 배열되어 있었는데, 옆에 있는 자판을 연달아 누르게 되면 키보드가 엉켜 빨리 칠 수도 없고 엉킨 자판을 계속 풀어주어야 했다. 따라서 옆에 있는 자판을 연달아 누르지 않도록 의도적으로 누르기 어려운 배열을 만들었는데, 이를 혁신 없이 오늘날까지 계속 쓰고 있는 것이다. 기계식 키보드를 쓰지 않음에도 효율성이 없는 qwerty 자판을 굳이 아무도 바꾸지 않은 것이다.

이처럼 우리는 기존의 방식 그대로 사고하고 있을 가능성이 크다. 물론 과거의 사고방식이 인정받았고 성공한 경험이 있기 때문에 이에 의존하는 것일 수도 있다. 그러나 시간에 따라 조정이 필요하다는 것을 알아야 한다.

한 번쯤은 우리의 사고 체계가 기존의 경로에 의존하여 매너리즘에 빠져 있지는 않은지 검토하는 것이 필요하다. 기존에 갖고 있던 생각의 지도에서 과감히 벗어나는 전략을 선택해야만 타인과 차별화되는 컨설턴트만의 창조적 사고의 혁신을 할 수 있는 것이다.

[심리 속의 착시 2]

크기가 달라 보이시나요? 모든 정사각형의 실제 크기는 같습니다.
→ 주변의 환경에 따라 같은 사람도 달라 보일 수 있습니다.

PART 3

미켈란젤로도 슬라이드로 고민했다?

컨설턴트처럼 슬라이드 그리기

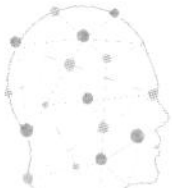

CHAPTER 09

천재화가의 고민

로마 시스티나 성당 천장에는 1508년 이탈리아의 천재 예술가 미켈란젤로(Michelangelo Buonarroti)가 교황 율리우스 2세의 명을 받아 4년 만에 완성한 세계 최대 벽화가 있다. 우리나라에는 〈천지창조〉로 더 많이 알려져 있다.[28]

〈천지창조〉는 교황의 요청에 따라 미켈란젤로가 글자를 모르는 문맹자들에게 기독교리를 알기 쉽게 가르쳐주기 위해 그린 그림이다. 미켈란젤로는 일반인은 물론 교황의 출입까지 막은 채 그림에 몰두하였는데, 물감이 온몸에 범벅되어 피부병이 생기고, 오랫동안 고개를 뒤로 젖히고 작업한 탓에 목 디스크로 목이 굳어버렸으며 눈에 이상이 생겼다고 한다.

당시 교황은 그림이 갖는 풍부한 전달력과 호소력을 활용하여 일반 군중에게 기독교 정신을 설파하고자 했다. 성당이라는 성스러운 공간 안에서 위쪽을 바라보는 관람객의 시선을 고려했을 때 〈천지창조〉를 천장화로 표현한 것은 최상의 선택이었던 것이다.

순백의 공간으로 비어 있는 시스티나 성당 천장을 처음 마주한 미켈란젤로의 입장을 상상해 보자. 아무리 뛰어난 미술가라 할지라도 41.2 × 13.2m의 웅장한 크기의 천장을 바라보면 이 공간을 어떠한 그림으로 채워야 할지 막막할 것이다.

하지만, 불행인지 다행인지 모르겠으나 그려야 할 대상은 구약성서의 「창세기」로 정해졌다. 당시 미켈란젤로가 해결해야 할 것은 이 방대한 공간 속에 어떠한 이미지를 그려나갈 것인가 였다.

경계와 흐름을 이해하라!

미켈란젤로가 가장 먼저 고민했던 것은 이 넓은 천장 공간을 스토리에 맞춰 어떻게 분배할 것인가 였다. 구약성서의 「창세기」 내용을 생각해 보면, 빛과 어둠이 창조되는 순간에서 시작하여 아담과 이브가 등장하고 종국에는 노아의 방주까지 여러 장면이 무성영화를 보듯 펼쳐진다.

[아담의 창조(미켈란젤로 作)]

방대한 공간에 경계 없이 그림을 그려가다 보면, 이야기가 흐름 없이 뒤죽박죽 섞일 가능성이 높다. 따라서 일단 공간을 적절하게 세부 공간으로 나누고 이를 구분하기 위해 세부 공간 사이에 적절한 경계를 표현해야 한다.

〈천지창조〉 천장화를 보면 세부적으로 〈빛과 어둠의 창조〉, 〈해와 달, 지구의 창조〉, 〈땅과 물의 분리〉, 〈아담의 창조〉, 〈이브의 창조〉, 〈아담과 이브의 원죄와 낙원 추방〉, 〈노아의 희생〉, 〈대홍수〉, 〈술에 취한 노아〉 등 9개의 화면으로 구성되어 있으며, 이는 「창세기」 내용 중 가장 주요 부분을 모아 놓은 것으로 보인다.

특히, 각 화면 사이에는 천사나 예언자 또는 역사(力士)를 그려 넣어 복잡하고 다양한 인간군상을 표현하였는데, 이들은 각 화면 간의 경계를 나타내며 이야기의 흐름을 적절히 연계해 주는 임무를 수행한다.

시스티나 성당에 들어가 적절한 보폭으로 이동해가며 천장화를 올려다보면, 「창세기」의 내용들이 장면별로 구분되어 있지만 유기적으로 연결되어 있어 마치 한편의 파노라마 영화를 보는듯한 느낌이 든다.

즉, 하나로 연결된 작업 공간을 적절한 경계로 나누지만 이를 자연스럽게 연결하여 마치 경계가 없는 것처럼 표현하는 것이 천지창조 프로젝트의 핵심이었던 것이다.

[천지창조(미켈란젤로 作)]

영국 〈타임〉지에 따르면 전 세계에서는 매일 약 3천만 건의 파워포인트 프레젠테이션이 일어나고 있다고 한다. 대기업, 중소기업, 정부, 비영리 단체 등 회의가 열리는 곳이라면 어김없이 사용되는 매체가 바로 파워포인트 슬라이드인 것이다.

하지만, 이렇게 빈번하게 사용되는 보고 수단임에도 불구하고, 이를 제대로 효과적으로 사용하는 사람은 흔치 않다. 오히려 '슬라이드 울렁증'에 시달리는 사람을 찾기가 더 쉬운 형국이다.

여기서 잠깐, 미켈란젤로가 〈천지창조〉를 그렸던 성당 천장과 우리가 사용하는 파워포인트 슬라이드를 비교해 보자. 파워포인트는 태생적으로 친절하게도 개별 슬라이드로 화면을 구성하고 있어 작성자가 원하는 대로 슬라이드 수를 늘릴 수도, 줄일 수도 있다.

더욱이 기본적으로 수많은 도형 및 이미지와 그래프가 기본 템플릿으로 자리 잡고 있으며, 원하는 색깔과 폰트를 손쉽게 취사선택하여 슬라이드를 그려낼 수 있다. 이 어찌 편리하지 아니한가?

필자가 너무 쉽게 이야기하는 것 같은가? 세계적 거장인 미켈란젤로와 평범한 우리를 비교하는 것이 공정하지 않다고 항변할 수 있을 것이다.

그렇다면 미켈란젤로가 아니라 좀 더 다양한 사례를 통해 슬라이드를 통한 스토리텔링이 우리의 삶과 얼마나 밀접하게 맞닿아 있는지 알아보도록 하자.

기승전결로 이야기하라!

단양 구인사 5층 법당인 설법보전(說法寶殿)의 외벽 우측과 후면에 〈심우도(尋牛圖)〉가 그려져 있다. 심우도는 불교의 선종(禪宗)에서 본성을 찾는 것을 소를 찾는 것에 비유하여 그린 선화(禪畵)로서, 선의 수행단계를 소와 동자에 비유하여 도해한 그림이다. 그 수행단계를 10단계로 하고 있어 십우도(十牛圖)라고도 한다.[29]

이 〈심우도〉의 내용을 구체적으로 살펴보면, 처음 선을 닦게 된 동자가 본성이라는 소를 찾기 위해서 산중을 헤매다가 마침내 도를 깨닫게 되고, 최후에는 선종의 최고 이상향에 이르게 됨을 나타내고 있다. 심우도의 단계별 내용은 다음과 같다.

첫째, 심우(尋牛)는 소를 찾는 동자가 망과 고삐를 들고 산속을 헤매는 모습으로 묘사된다. 이것은 처음 발심한 수행자가 아직은 선이 무엇이고 본성이 무엇인지 알지 못하지만, 그것을 찾겠다는 열의로써 공부에 임하는 것을 상징한 것이다.

[심우]

둘째와 셋째는 견적(見跡)과 견우(見牛)로서 소 발자국을 발견하고, 멀리서 소를 발견하는 모습에 이르게 된다.

[견적]

[견우]

넷째는 동자가 소를 붙잡아서 막 고삐를 채우는 단계인 득우(得牛)이며, 이 단계에서 소는 아직 삼독(三毒: 탐내고, 성내고, 어리석은 마음)에 물들어 있어 검은색을 띠고 있다.

[득우]

하지만, 거친 소를 자연스럽게 놓아두더라도 저절로 가야 할 길을 갈 수 있게끔 길드는 다섯째 단계인 목우(牧牛)에서는 소의 빛깔이 검은색에서 흰색으로 변한다.

선에서는 이 목우의 과정을 가장 중요시하고 있는데, 그 까닭은 한번 유순하게 길들이기 전에 달아나 버리면 그 소를 다시 찾는다는 것은 더욱 어렵기 때문에 특별히 주의를 준 것이다.

[목우]

여섯째, 기우귀가(騎牛歸家)에서는 동자가 소를 타고 구멍 없는 피리를 불면서 본래의 고향으로 돌아오는 모습이 묘사되는데, 이때의 소는 완전한 흰색으로서 특별히 지시하지 않아도 동자와 일체가 된다.

[기우귀가]

일곱째, 망우존인(忘牛存人)에서는 집에 돌아와 보니 애써 찾은 소는 온데간데없고 자기만 남아 있는 모습이 묘사된다. 결국 소는 마지막 종착지인 심원(心源)에 도달하게 하기 위한 방편이었으므로, 이제 고향집으로 돌아오게 되었으니 방편은 잊어야 한다는 것을 보여주고 있다.

[망우존인]

심우도의 절정은 여덟째 그림인 인우구망(人牛俱忘)이다. 여기서는 소 다음에 자기 자신도 잊어버린 상태를 묘사한 것으로 텅 빈 원 하나가 덩그러니 그려져 있다.

객관이었던 소를 잊었으면 주관인 동자 또한 성립되지 않는다는 주객 분리 이전의 상태를 상징한 것으로, 이 경지에 이르러야만 비로소 완전한 깨달음이라고 일컫게 된다.

[인우구망]

이는 이제 자아와 세상이 혼연일치된 자연경관으로 그려진 아홉째 반본환원(返本還源)에서 더욱 뚜렷해진다.

[반본환원]

마지막으로, 열째 입전수수(入廛垂手)는 지팡이에 큰 포대를 메고 사람들이 많은 곳으로 가는 모습으로 묘사된다. 이때의 큰 포대는 중생들에게 베풀어 줄 복과 덕을 담은 포대로, 불교의 궁극적인 뜻이 중생의 제도에 있음을 상징화한 것이다.

[입전수수]

결국, 심우도는 세상을 보는 객관과 자아를 보는 주관이 합쳐지고 이를 통해 본성을 깨우쳐서 중생을 이롭게 하는 도를 얻는 과정이다.

심우도는 처음에는 10장의 분리된 그림으로 구성되어 있다. 그렇다면 이 10장의 그림이 자연스럽게 연결되게 하려고 작가는 어떠한 장치를 활용하였는가?

첫째, 기승전결의 흐름에 맞춰 그림을 구성하였다.

둘째, 그림별 세부 설명을 달아 독자의 이해를 도왔다.

이에 따라, 마치 10장의 분리된 필름에 찍힌 그림이 영사기를 통해 전달되는 한 편의 영화처럼 하나로 연결된 메시지가 전달되는 것이다.

CHAPTER 10

슬라이드는 스토리텔링의 영원한 동반자

많은 지면을 할애하며 〈천지창조〉와 〈심우도〉의 사례를 제시한 이유는 슬라이드 작성이 결코 먼 나라 이야기가 아니라 우리의 기억 속에 이미 오래전부터 학습되고 축적된 익숙한 종류의 스토리텔링이라는 점을 강조하기 위함이다.

파워포인트 프로그램을 사용하지 않은 것일 뿐 인류는 이미 오랜 역사 동안 수많은 이야기를 효과적으로 전달하기 위해 자신들이 선택할 수 있는 최선의 수단을 활용하여 그들만의 슬라이드를 그려오고 있었던 것이다.

그림과 함께 스토리텔링을 하는 대표적인 매체는 만화이다. 만화의 유래에 대해서는 설왕설래가 있으나, 선산부사(善山府使)였던 조구상이 1745년 백성들을 교화할 목적으로 그린 〈의우도(義牛圖)〉가 4컷 만화의 효시라는 재미있는 주장이 있다. 주인을 지키기 위해 범과 싸우다가 죽은 소의 이야기를 담은 이 그림은 4컷 만화의 특징인 기승전결의 흐름을 담고 있다.

[의우도]

시곗바늘을 최근으로 당겨서 4컷 만화의 좋은 예를 살펴보면 피너츠(Peanuts)가 가장 대표적이라 할 수 있다. 찰리 브라운과 애완견 스누피를 중심으로 한 캐릭터들이 귀여운 겉모습과 어울리지 않는 초현실적인 인생관을 전개하는 개그 만화이다.[30] 주인공은 찰리 브라운이지만 스누피의 활약이 많기 때문에 스누피 쪽이 주인공이라 생각되기 쉽다. 이 탓인지 만화의 제목을 '스누피'

로 착각하는 경우도 많다.

1980~1990년대 스누피 만화책을 읽어보지 않은 사람은 찾기란 쉽지 않을 것이다. 지금도 스누피 만화의 몇몇 에피소드는 대학교수들의 강의 슬라이드에도 가끔 등장할 정도로 여전한 인기를 보이고 있다.

[스누피 만화]

필자가 초등학생 시절 또래에게 가장 인기 있었던 책 중 하나가 〈먼나라 이웃나라〉 였다. 우리나라 출판만화 역사에서 최장기 베스트셀러로 기록된 만화로서 덕성여대 이원복 교수가 1987년 고려원에서 6권짜리 전집으로 발표한 이후 지금까지 어림잡아 5백만 권 이상을 발행한 '울트라 슈퍼급' 베스트셀러로 꼽힌다.[31] 이

만화는 유럽의 여러 나라를 소개하는 내용으로서, 1990년대 초반 서울의 일간신문 기자들이 쟁쟁한 사회과학 전문서적을 제치고 '베스트 인문학 서적'으로 선정해 주위를 놀라게 하기도 했다.

[먼나라 이웃나라 중 프랑스편]

최근 스마트폰의 발달로 인해 손 안의 작은 세상에서 각종 뉴스와 이야기들이 디지털 활자로 찍혀 소비되고 있다. 신문이나 잡지 등 종이로 출판되던 시대에는 용인되었던 장문의 뉴스들이 이제는 소위 '스크롤의 압박'으로 인해 더 이상 버티기 힘든 세상이 되었다. 최근 신문사들이 앞다투어 '카드뉴스'를 선보이는 것도 이러한 소비자들의 요구와 트렌드 변화를 반영한 것이다.

[카드뉴스 예시[32]]

다시 강조하면 만화나 카드뉴스 모두 기본적인 포맷의 속성은 별도로 구분된 공간 안에 그림과 문자의 조합으로 독립된 메시지를 전달한다는 점에서 파워포인트 슬라이드와 같다고 할 수 있다.

백문불여일견(百聞不如一見)

때로는 몇 백 자의 말이나 글귀보다 한 장의 슬라이드가 더욱 큰 임팩트와 전달력을 갖추는 경우가 많다. '백문불여일슬'이라고 해도 무방할 듯하다.

[영화 〈러브 액츄얼리〉의 한 장면]

슬라이드 작성은 예술(Art)의 영역

지금까지 우리는 과거 르네상스부터 현재의 대한민국까지 시공간을 초월하며 그림으로 스토리텔링하는 다양한 사례를 살펴보았다.

〈천지창조〉, 〈심우도〉, 〈피너츠(Peanuts)〉, 〈먼나라 이웃나라〉 및 카드뉴스까지 이어지는 사례들을 관통하는 특징이 있는데 다음과 같다.

첫째, 전달하고자 하는 메시지가 있다.

둘째, 메시지를 정해진 공간에 그림과 문자를 활용하여 표현

한다.

셋째, 이를 바라보는 관람객과 청자가 존재한다는 것이다.

자, 이제 본론인 슬라이드 작성에 관해서 이야기해 보도록 하겠다. 앞서 언급한 세 가지 특징은 비즈니스 현장에서 매일 매 순간 일어나고 있는 슬라이드 보고에서도 동일하게 나타나고 있는데, 전달되는 메시지가 다를 뿐 표현되는 양식과 흐름은 대동소이하다.

더욱이, 슬라이드 작성자는 절대 만만치 않은 청중과의 외로운 사투를 벌여야 한다. 한 연구조사에 따르면, 90% 이상의 사람들이 회의 도중 공상에 잠기고, 70% 이상이 회의실에 다른 일을 가져온다고 한다. 심지어 조사 대상자 중 거의 40%는 실제로 회의하는 동안 꾸벅꾸벅 존다고 답했다.

그렇다면, 슬라이드 작성을 잘하기 위한 방법은 없는 것일까?

학교 성적을 올리기 위해서는 교과서 위주의 학습도 중요하지만 과외 선생님이 필요하고, 운동할 때 코치 선생님이 필요하듯이 제대로 된 선생님을 만나면 얼마든지 개선할 수 있다.

"컨설턴트는 슬라이드로 이야기한다."

필자가 2007년 보스턴컨설팅그룹 서울 사무소에 입사하여 첫 프로젝트에서 K 팀장에게 들었던 이야기다. 10주간의 오랜 프로젝트를 마치더라도 결국 남는 기록과 흔적은 슬라이드이기 때문에 슬라이드 한 장 한 장에 모든 노력과 헌신의 숨결을 불어넣어야 한다는 것이다.

고객사와의 미팅, 인터뷰, 최종보고 등 컨설턴트가 의견을 제시할 수 있는 기회는 여러 번 있지만, 고객사와 약속한 아웃풋의 기준 중 가장 중요한 것은 완성도 높은 슬라이드인 것이다.

그래서 컨설턴트들은 수많은 내부 워크숍, 트레이닝 세션 등을 통해서 슬라이드를 잘 그리기 위한 방법을 꾸준히 고민하고 연구한다.

"슬라이드를 그리는 것은 기술(Skill)이 아니라 예술(Art)에 가깝다."

컨설팅에 오래 몸담은 사람이거나 회사의 전략기획팀에 근무하며 많은 양의 슬라이드를 그리는 사람이라면 쉽게 인정하며 고개를 끄덕일 것이다.

슬라이드를 '작성'한다기보다 '그린다'라고 표현한 것도 슬라이드가 단순한 문서가 아닌, 미켈란젤로가 〈천지창조〉를 그려낸 것과 같은 Art의 느낌을 끌어내기 위함이다.

컨설팅을 오래 한 사람들의 직업병을 보면, 대표적인 것이 목 디스크와 안구건조증이다. 〈천지창조〉를 그리다가 목 디스크가 생기고 눈에 이상이 생긴 미켈란젤로를 떠올리면 어쩌면 이는 Art를 하는 사람들의 숙명과도 같은 것일 수도 있다. 직업병이라기보다는 참전용사에게 수여되는 훈장이라 생각하는 것이 덜 억울하겠다.

CHAPTER 11

왜 컨설턴트의 보고서는 '있어' 보일까?

그렇다면 컨설턴트는 과연 보고서를 어떻게 작성할까? 국내의 한 대기업에서 근무하고 있는 유대리의 사례를 통해 자세히 살펴보자.

인사명령

'인사명령: 유수정 대리, 마케팅 전략팀으로 부서 이동, 2018년 3월 1일'

사무실에 도착하여 컴퓨터로 사내 게시판을 확인해 보니, 작년 말에 이미 인사팀과 상의한 바와 같이 인사명령이 발표되었다.

처음 인사팀과 미팅할 때는 그동안 정든 팀을 떠나 새로운 팀으로 이동할 생각에 두려움이 앞섰지만, 회사 내에서 롱런하기 위해서는 주니어 시절 다양한 보직을 경험해 보는 것이 중요하다는 인사팀장의 권유에 결국 부서 이동을 결정하게 되었다.

유대리는 통신 장비를 제조하는 글로벌 IT 회사에서 근무 중인 전도유망한 5년 차 직원이다. 입사 후 5년간 국내 영업 관리팀에서 근무하며 서울 지역을 총괄했는데, 다른 지역 대비 당사의 점유율이 대폭 개선되어 그 공로를 인정받아 회사 내 핵심 부서 중 하나인 마케팅 전략팀으로 일종의 영전을 받은 셈이다.

마케팅 전략팀장인 전정국 상무는 3년 전 외국계 컨설팅 회사에서 스카우트되었으며, 아이비리그에서 학부를 마치고 와튼 스쿨에서 MBA를 마친 경력 탓에 한국어보다는 영어가 오히려 더 편한 사람이다. 타 부서의 팀장들보다 5세 이상 어려 혁신적인 아이디어가 풍부하고 매우 패기 넘치는 젊은 임원으로 알려졌다.

하지만 미국에서 오랜 시간 교육받은 배경과 컨설팅 회사에 근무한 경험 탓인지, 굉장히 합리적이고 때로는 직설적이어서 논리가 빈약한 직원들은 그와의 미팅에서 진땀을 빼기 일쑤다.

전상무와의 첫 번째 미팅에서 유대리는 국내 통신 장비 시장의 현황을 리뷰하고 전망 및 개선 방안을 만들어보라는 임무를 부여받았다. 게다가 전상무는 보고서가 잘 작성될 경우 추후

CEO 보고를 직접 진행할 수 있는 기회를 주겠다고 약속했다.

이전 부서에서는 주로 내부 전산 시스템과 엑셀을 사용하여 물동 관리와 영업 실적 등을 관리하다 보니, 슬라이드 작성은 익숙지 않았기에 유대리는 순간 고민에 빠졌다.

전상무와의 미팅을 마치고 주변 동료에게 슬라이드 작성 요령과 노하우를 물어보았으나, "정해진 포맷이나 원칙은 없다", "슬라이드 작성에는 왕도가 없다"는 등 공허한 대답만 돌아왔다.

우선 회사 주변 서점에 들러 슬라이드 작성 관련 책을 몇 권 사서 읽어 보기로 결심했다. 자기계발 코너에 가보니 각양각색의 슬라이드 작성 관련 서적들을 손쉽게 발견할 수 있었다.

학부에서 경영학을 전공했지만 오히려 입사 후 파워포인트 사용을 등한시했던 지난날의 본인에 대한 한심함과 부끄러움이 밀려왔다. 유대리는 가장 마음에 드는 책을 한 권 사서 탐독하며 틈틈이 인터넷 검색을 통해 슬라이드 작성 가이드라인 및 요령에 대해서 알아보았다.

동시에 보고서의 콘텐츠 구성을 위한 기초 조사에 착수하였으며, 마케팅 전략팀에서 기존에 작성한 보고서와 관련 자료들을 숙지하였다. 그렇게 한 달의 시간이 흘러 1차 보고 일정이 일주일 앞으로 다가왔다. 하지만 생각지 못했던 변수가 발생했다.

애초 전상무에게 1 대 1 서면으로 보고하는 것으로 알고 있었던 것과는 달리, 전상무가 팀원 전체를 소집하는 바람에 대회의실에서 프레젠테이션을 하는 형식으로 일이 커져 버린 것이다. 걱정이 앞선 유대리는 황급하게 전상무의 집무실을 찾았다.

"전상무님, 제가 간략하게 하는 보고인 줄 알고 슬라이드를 많이 그리지 못했습니다. 보고 날짜를 조금 뒤로 미루고 싶은데 괜찮으실까요?"

하지만 전상무는 단호했다.

"팀원 전체와 허심탄회하게 논의하는 세팅이니 크게 부담 갖지 않아도 돼요. 원래 일정대로 그대로 진행합시다."

지푸라기라도 잡는 심정으로 전상무 집무실을 찾았지만, 마지막 희망마저 날아가는 순간이었다. 어쩔 수 없이 머릿속에 구상했던 줄거리에 맞춰 핵심 슬라이드를 4장 작성하여 1차 보고를 진행하기로 하였다.

그렇게 시간이 흘러, 결전의 날 아침이 밝아왔다.

아침 10시. 대회의실은 마케팅 전략팀의 팀원들로 가득 찼다. 평상시 매번 회의에 늦던 송부장 마저 웬일인지 일찍 나와서 제일 앞자리에 자리 잡고 앉아 있었다. 팀원들 모두 '어디 한번 얼마나 잘하는지 두고 보자'라는 눈초리다. 드디어 전상무가 자리에 앉았고 유대리의 첫 번째 프레젠테이션의 막이 올랐다.

"안녕하십니까. 이번에 새로 마케팅 전략팀으로 보직 이동한 유수정 대리입니다. 바쁘신 와중에 참석해 주셔서 대단히 감사드립니다."

짧은 박수가 이어졌다.

"금일 보고는 지난 두 달간 시장 동향 및 경쟁사 현황을 조사한 초기 분석 결과를 공유하기 위해 작성한 4장의 슬라이드를 중심으로 진행하도록 하겠습니다.

우선, 시장 현황부터 말씀드리겠습니다. 국내 통신 장비 시장은 2015년부터 2017년까지 약 1.5배 성장하였습니다. B2C 부문이 차지하는 비중은 70%에서 30%로 대폭 축소된 반면, B2B는 30%에서 70%로 확대되면서 시장 성장을 견인하였습니다."

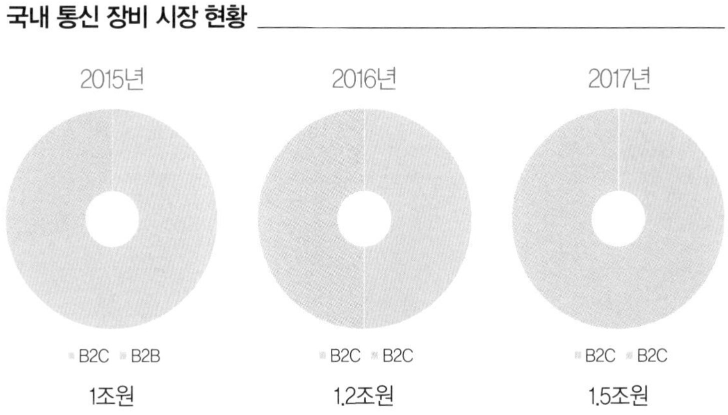

[유대리의 슬라이드 1/4]

첫 번째 슬라이드를 보면서 전상무는 유대리가 언급한 메시지에 해당하는 숫자를 찾느라 슬라이드 상하좌우를 열심히 훑어보기 시작했다. 하지만 시장 성장률은커녕 B2C/B2B 비중 역시 찾아보기 어려웠다.

유대리는 발표를 이어갔다.

"두 번째 슬라이드입니다. 전체 시장은 성장한 반면, 당사의 M/S*는 최근 3년간 30%에서 20%까지 대폭 축소되었습니다. 이는 시장 내 주요 경쟁사 중 최대 감소폭을 기록한 것으로서, 당

* M/S는 Market Share로 시장 점유율을 의미한다.

사 홀로 '풍요 속의 빈곤'을 겪은 것으로 보입니다."

업체별 시장 점유율 변화

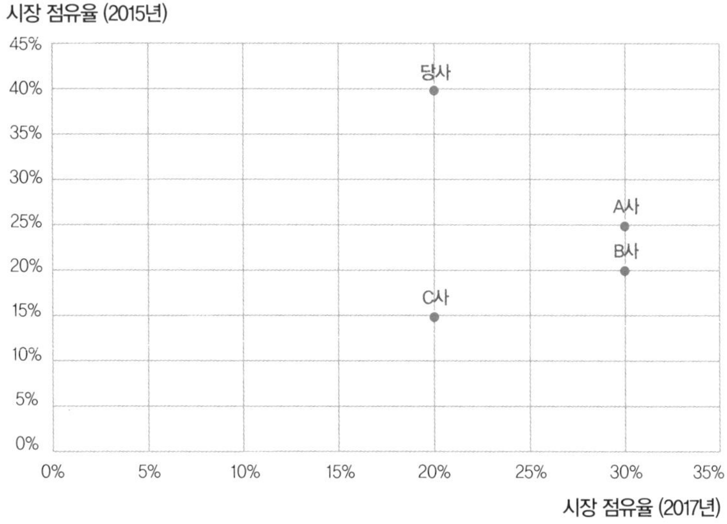

[유대리의 슬라이드 2/4]

이 슬라이드는 경쟁사 대비 시장 점유율이 감소했다는 내용인데, 그래프를 바라보면 당사의 포지셔닝이 최상단에 놓여 있어 마치 가장 양호한 것처럼 보인다.

전상무는 자신의 눈을 의심하기 시작했다. 하지만 그래프의 축을 다시 보고 나서야, 세로축이 2015년이고 가로축이 2017년이라는 독특한 구조를 이해하게 되었다. 좋게 보면 창의적인 슬라이드지만, 솔직히 말하자면 굉장히 난해한 슬라이드임이 틀림없다. 전상무는 물론 팀원들의 표정이 점차 어두워져 갔다.

유대리 역시 자신감이 점차 떨어지기 시작했다.

"음……. 세 번째 슬라이드를 말씀드리겠습니다. 당사의 시장 점유율이 하락한 가장 큰 이유는 성장하는 시장인 B2B 영역에서 경쟁사 대비 당사의 점유율이 가장 크게 떨어졌기 때문입니다."

B2B 영역 내 업체별 점유율

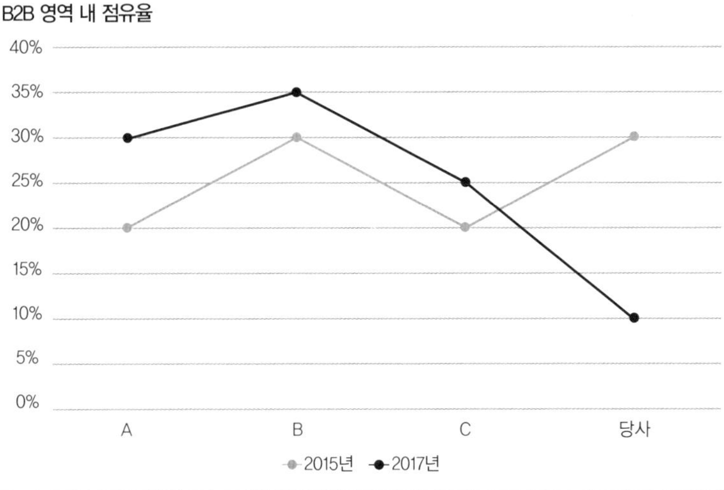

[유대리의 슬라이드 3/4]

슬라이드를 얼핏 보면 꺾은선 그래프로 되어 있어 마치 연도별 시장 점유율 추이로 오해하기 쉬워 보인다. 몇몇 팀원들이 머리를 갸우뚱거리거나, 미간을 찌푸리며 슬라이드를 오랫동안 응시하기 시작했다. 좋지 않은 신호임이 분명해 보였다.

마지막 슬라이드로 넘어가면서 유대리는 크게 한번 심호흡을 가다듬었다.

"자, 마지막 슬라이드에서는 당사와 주요 경쟁사 간 영업 사원의 인력 수를 비교해 봤습니다. 보시다시피, 당사는 2015년 20명으로 업계 선도를 차지하였으나, 2016년에는 10명으로 업계 3위, 2017년에는 15명으로 업계 최하위를 기록했습니다."

업체별 B2B 담당 인력 수

당사는 20명('15), 10명('16), 15명('17)으로 담당 인력 수 감소
업계 내 순위는 1등에서 4등으로 추락

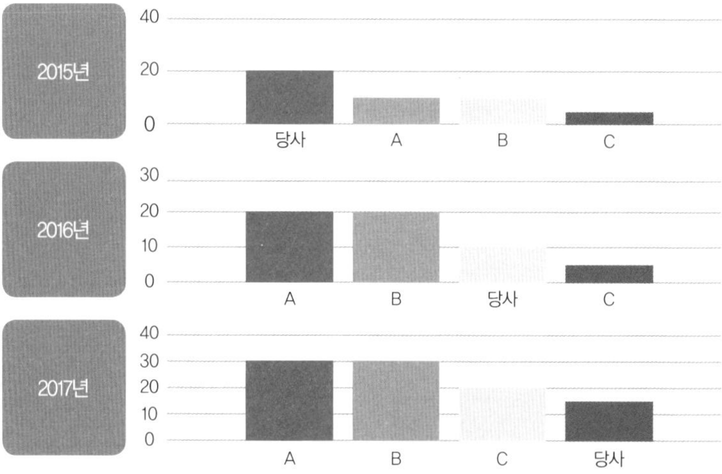

[유대리의 슬라이드 4/4]

업계 순위는 1위에서 3위, 그리고 4위로 감소한 것이 맞지만 인력수만 보면 20명에서 10명으로 급격히 하락했다가 다시 15명

으로 완화되는 추세로 보인다.

순위가 중요한 것인지 절대적인 수치가 중요한 것인지 헷갈리는 슬라이드다. 일부 팀원들은 마지막 슬라이드를 보면서 작은 목소리로 수군수군 속삭이기 시작했다.

"이상으로 발표를 마치도록 하겠습니다. 질문이나 건의사항 있으시면 말씀 부탁드립니다."

약 5초간의 어색한 침묵이 흘렀고 특별한 코멘트 없이 유대리의 첫 번째 프레젠테이션은 마무리되었다. 전상무가 가장 먼저 자리에서 일어나며 입을 열었다.

"유대리, 고생했어요. 제 방으로 잠깐 오실래요?"

전상무 집무실에 들어가니, 전상무가 책장에서 한 권의 보고서를 꺼내어 유대리에게 건네주었다.

"작년 말에 같은 주제로 A 컨설팅 회사에 의뢰했던 프로젝트 결과물입니다. 40장의 슬라이드로 구성되어 있지만, 초기 4장 정도는 오늘 유대리가 했던 내용과 유사한 부분이 많아요. 유대리가 작성했던 슬라이드와 컨설턴트들이 작성했던 슬라이드를 비교해 보면서 주요 차이점을 살펴보도록 하세요."

자리로 돌아와 A 컨설팅 회사의 슬라이드를 열어보니 유대리가 작성했던 4장의 슬라이드와 같은 메시지를 전달하는 4장의 슬라이드를 찾을 수 있었다. 컨설팅 회사가 작성한 슬라이드는 각각 다음과 같다.

국내 통신 장비 시장 현황

국내 통신 장비 시장은 지난 3년간 약 22% 성장하였으며 B2B가 전체 성장을 견인

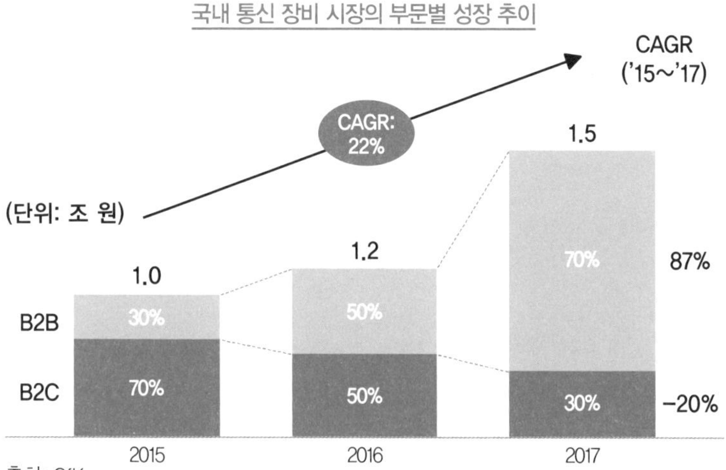

출처: GfK

[A 컨설팅 회사의 슬라이드 1/4]

막대그래프를 B2C와 B2B로 나눠서 2층으로 쌓은 형태로서 연도별 흐름을 보여주고 있다. 각 부분별 비중을 표현할 수 있는

것은 물론 막대 위에 전체 시장 규모를 표현할 수 있어 효율적인 그래프 형태로 보인다.

더 나아가 최근 3개년간 성장률을 CAGR*로 표현하고 있어 전체 성장률과 각 영역별 성장률을 효과적으로 비교할 수 있다. 유대리가 2015년과 2017년을 단순 비교함으로써 1.5배 성장했다고 표현한 것과 대비되는 부분이다.

무엇보다도 헤드라인 메시지가 간결하며, 그래프에서 사용한 색감 역시 단순하고 안정적이어서 차분해 보이는 장점이 있다.

업체별 시장 점유율 변화

국내 업체 중 당사만이 유일하게 시장 점유율 감소

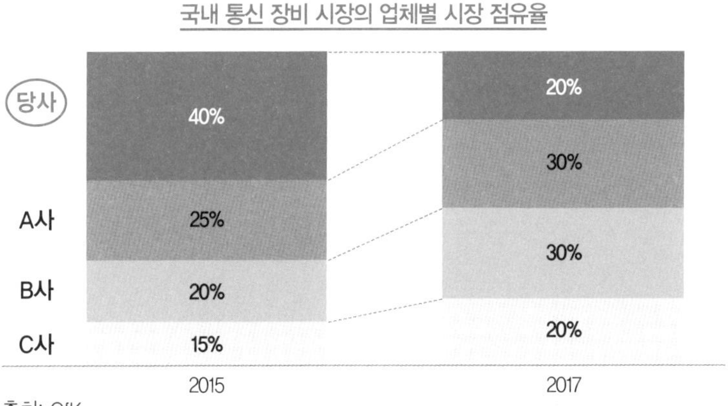

출처: GfK

[A 컨설팅 회사의 슬라이드 2/4]

* CAGR은 Compound Annual Growth Rate로 연평균성장률을 의미한다.

시장 전체를 100%로 표현하는 Stacked Bar 그래프로서, 속성별 비중 차이를 연도별로 보여주기 때문에 효과적으로 눈에 들어온다. 특히, 당사의 내용을 가장 진한 색깔로 두드러지게 함으로써 전달하고자 하는 메시지를 더욱 명확히 표현하고 있다.

출처가 앞장과 마찬가지로 같은 위치에 있으며, 슬라이드 내 사용하는 폰트 역시 하나로 통일되어 있다. 흥미롭게도 헤드라인 메시지는 앞장과 마찬가지로 정리되었다.

B2B 영역 내 업체별 점유율

B2B 영역에서 당사의 점유율은 2년 전 대비 1/3 수준으로 급격히 하락

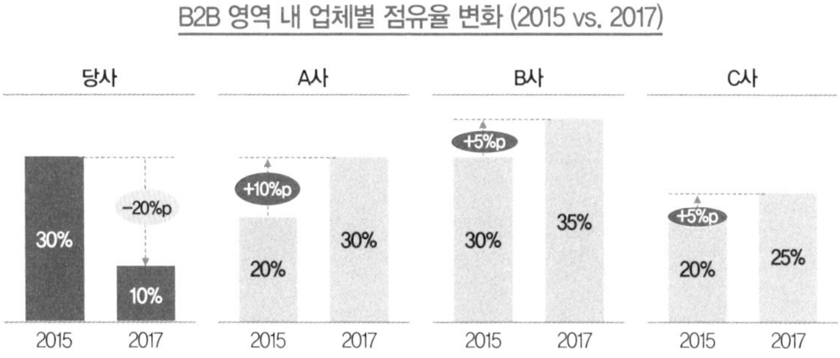

출처: GfK

[A 컨설팅 회사의 슬라이드 3/4]

4개의 막대그래프를 회사별로 구분하되, 그래프별 2개년 간 비중 차이를 효과적으로 비교하고 있다. 2015년 대비 2017년이 증가 혹은 감소했는지를 위아래 방향을 지시하는 화살표를 동원하여 각각 다른 색깔로 표현함으로써 전달하고자 하는 메시지가

뚜렷이 표현되고 있다.

업체별 B2B 담당 인력 규모 변화

당사의 B2B 담당 인력 수는 2015년 업계 최상위였으나 2년 만에 최하위로 급락

업체별 B2B 담당 인력 수 (2015 vs. 2017)

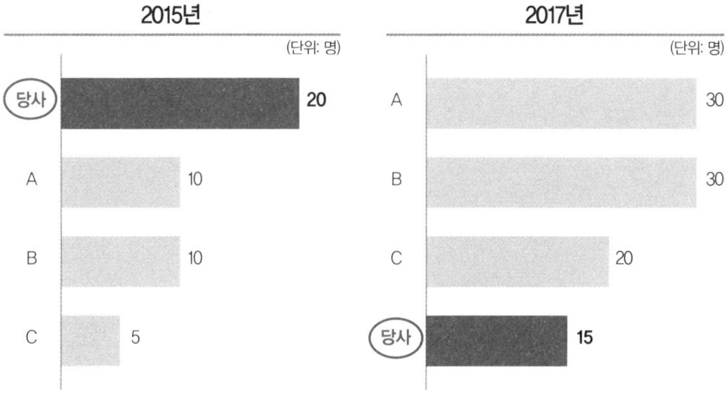

출처: GfK

[A 컨설팅 회사의 슬라이드 4/4]

메시지 전달에 혼선을 일으키는 2016년을 과감히 제거했다. 2015년과 2017년의 데이터를 각각 순서대로 표현하는 그래프를 사용했으며 당사의 막대를 다른 색깔로 두드러지게 하여 메시지가 명확하게 전달된다.

A 컨설팅 회사의 4장의 슬라이드 모두 최소한의 색깔만 사용함으로써 강조하는 부분과 그렇지 않은 부분이 잘 정리되어 있다.

한마디로 정리해서 이야기하기 어렵지만, 분명히 눈에 보이는 차이점들이 있다. 컨설팅 회사의 보고서가 눈에 잘 들어오고 세련되어 보인다는 점이다. 새로운 부서에서의 호된 신고식을 마친 유대리는 책상에 앉아 곰곰이 생각에 잠겼다.

'처음부터 이 보고서를 보여주셨으면 좋았을 텐데……. 과연 전상무님의 의도는 무엇이었을까?'

CHAPTER 12

컨설턴트 슬라이드의 성공 방정식

톨스토이(Leo Tolstoy)의 소설, 〈안나 카레니나(Anna Karenina)〉는 "행복한 가정의 모습은 대개 서로 비슷하다. 그러나 불행한 집의 경우는 그 모습이 각양각색이다"라는 서두로 시작한다.

이 이야기는 보고 슬라이드에도 그대로 적용된다. 훌륭한 보고서는 대개 서로 비슷한 성공 방정식을 공유하는 반면, 실패한 보고서는 그야말로 천차만별의 모습을 띠고 있기 마련이다.

보스턴컨설팅그룹 서울 오피스에 입사하면, 서울 오피스에서 1주일간 오리엔테이션을 갖고 입사 후 3달 이내에 태국 방콕 오피스에서 아시아 태평양 지역 트레이닝을 받는다. 2개 행사의 아젠다는 서로 다르지만, 한 가지 공통점은 문제해결역량과 슬라이드 라이팅에 대해서 트레이닝을 받는다는 점이다.

입사 1주 차에 'How to write BCG slides'에 대해서 간단히 익힌 후, 신입 컨설턴트를 2~3개월간 실전 프로젝트에 투입한다. 그러고 나서 시드니, 도쿄, 베이징, 홍콩, 싱가포르 등 아시아 태평양 내 다른 오피스에서 근무하는 동료 신입 컨설턴트들과 함께 모여 'How to write BCG slides'를 다시 한번 고민하게 하는 것이다.

특히 주니어 시절에 이러한 세션을 짧은 시간 동안 두 차례나 갖는 것을 생각해 보면, 머리가 굳기 전 초기에 버릇을 잘 잡기 위함이다. 슬라이드 작성은 마치 운전을 배우는 것과도 같은데, 처음 몸에 밴 운전 습관이 평생 가는 것처럼 신입 사원 시절에 익숙해진 슬라이드 작성 버릇이 부장 시절까지 이어지기 때문이다.

이제부터는 컨설턴트들이 작성하는 슬라이드의 성공 방정식을 하나하나 자세히 살펴보겠다.

1. 가독성이 높게 작성하라!

첫째, 컨설턴트의 보고서는 보기 편하고 잘 읽힌다. 즉, 가독성이 좋다는 이야기다. 가독성이 좋기 위해서는 몇 가지 보조적인 장치와 수단이 필요하다. 컨설턴트의 보고서를 보면, 전반적인 'Look & Feel'을 철저하게 신경 쓴 흔적을 발견할 수 있다.

우선, 컨설턴트는 특별한 경우가 아니라면 한 가지 폰트만 사용한다. 필자가 근무했던 보스턴컨설팅그룹에서는 영어 폰트로는 Arial을, 한국어 폰트로는 HY 그래픽 M을 사용하였다. 간혹 고객사가 원하는 경우 고객사 고유의 폰트(예: 한국전자체)를 사용하는 경우가 있으나, 그렇지 않은 경우 컨설팅 회사 전사적으로 같은 폰트를 사용하는 것이 원칙이다.

최종 보고를 앞두고 컨설턴트들이 전체 보고서의 폰트를 일일이 확인하며 정해진 폰트로 바꿔주는 작업을 몇 시간 들여서 하는 이유도 보고서 전체의 통일성을 담보하여 결과물의 전문성(Professionalism)을 가져가기 위함이다.

또한, 보고서 내 사용하는 색상의 경우 컨설팅 회사의 CI(Corporate Identity)에 맞춰 선정한다. 보스턴컨설팅그룹의 경우 주로 초록색 계통을 많이 사용하며 진한 초록색, 초록색, 연한 초록색 등 그러데이션을 주며 기본 색깔의 옵션을 구성한다.

한편, 초록색 외의 다른 색깔이 필요할 경우 이 또한 매우 신중하게 결정하는데, 보스턴컨설팅그룹에서는 회색 계통을 사용하는 경우가 일반적이다. 따라서 보스턴컨설팅그룹에서는 보통 슬라이드 내 초록색 계통, 회색 계통의 도형 및 도표, 그리고 검은색 글자(진한 배경의 박스에 들어갈 때는 흰색 글자) 등 3~4가지 색상만을 발견할 수 있다.

처음 보스턴컨설팅그룹 보고서를 마주하는 독자 입장에서는 매우 차분하고 통일된 느낌을 받는다. 실제로는 3~4명의 팀원이 모듈별로 나눠서 작업을 했는데도 마치 한 명의 작성자가 보고서 전체를 쓴 것 같다. 따라서 알록달록 다채로운 색깔과 다양한 폰트에 현혹되어 메시지를 놓치는 경우 없이 메시지 중심으로 보고서를 읽을 수 있는 것이다.

맥킨지의 회사 BI 색상은 파란색이지만 LG전자와 프로젝트 할 때는 LG의 BI 색상인 짙은 분홍색을 기본으로 했다. 맥킨지가 작성한 슬라이드이지만 LG전자의 고객사 입장에서 바라볼 때는 마치 LG전자 내 특정 부서가 작성한 것처럼 편안한 느낌을 받기 마련이다. 때로는 글자 몇 마디보다 임팩트 있는 색이 더 큰 효과를 가져오기도 한다.

폰트와 색깔 외에도 헤드라인의 글자 크기, 메인 텍스트 박스의 글자 크기, 주석의 글자 크기, 출처의 글자 크기 등을 규격화해서 관리한다.

결국 최종 보고서는 프레젠테이션으로 활용되다 보니 작은 글자를 보기에 불편한 연령대가 많은 임원진을 고려하여 주석과 출처를 제외하고 12포인트 이하로 내려가는 경우는 없다.

보스턴컨설팅그룹에서 진행한 첫 번째 프로젝트에서 업체별 시장 점유율을 표현하기 위해서 원그래프를 사용한 적이 있다.

"정병익 컨설턴트님, BCG에서는 원그래프를 사용하지 않습니다."

슬라이드 1차 리뷰 미팅에서 K 선임컨설턴트가 필자에게 해준 조언이다. 결국 세로형 막대그래프로 변경하여 작업을 진행하였으나 당시에는 원그래프를 사용하지 않는 이유를 쉽게 이해하지 못했다. 돌아서 생각해 보면, 다음과 같은 3가지 이유가 있는 것 같다.

첫째, 그래프에 대한 부연 설명을 추가함에 있어 원그래프 대비 막대그래프가 슬라이드 공간 활용 관점에서 우수하다.

둘째, BCG 슬라이드가 각진 도형 및 그래픽을 주로 사용하다 보니 원그래프가 다른 도형 및 그래프와의 미적 관점에서 밸런스가 떨어진다.

셋째, 여러 사람이 슬라이드를 나눠서 작성하다 보니 다른 팀원은 모두 막대그래프를 사용하는데 혼자 원그래프를 사용하다 보면 보고서 전체의 통일성이 결여될 가능성이 있다.

그 이후로도 필자는 보스턴컨설팅그룹에서 원그래프를 보지 못한 것 같다.

비슷한 사례를 한 가지 더 들어보겠다.

보스턴컨설팅그룹에서 진행했던 또 다른 프로젝트에서 세로형 막대그래프 하단에 추가 설명으로 테이블을 사용한 적이 있다. 하지만 이 또한 보스턴컨설팅그룹의 전사적인 Look & Feel 관점에서 어울리지 않는다는 이유로 일반 막대그래프로 변형되었다. 그 이유는 앞서 원그래프 사례에서 언급한 내용과 그 맥을 같이 하는 것이다.

이처럼 컨설팅 회사에서는 그래프, 테이블 하나를 사용함에 있어서도 철저한 원칙에 따라 작업을 진행한다. 결국 이 모든 것은 슬라이드의 가독성을 높게 하기 위한 것이다.

이는 심리학에서 이야기하는 디드로 효과와 연관이 있다.

18세기 프랑스의 철학자 드니 디드로(Denis Diderot)가 에세이 〈나의 오래된 가운을 버림으로 인한 후회〉*에 수록한 일화에서 유래되었다.[33]

그는 친한 친구로부터 세련된 붉은 가운을 선물 받았다. 선물 받은 것을 기뻐하면서 세련된 가운을 서재에 걸어놓고 보니 서재 안의 다른 가구들이 너무 초라해 보였다. 가구들이 가운과 어울

* 원서는 Regrets on Parting with My Old Dressing Gown 이다.

리지 않는다고 생각해 의자, 책상 등 다른 가구들을 하나씩 가운과 어울릴만한 것들로 새로 구입했다. 결국 서재 안의 모든 가구를 새로 들이게 되었다.

그로 인한 지출은 그가 감당하기에는 부담스러운 비용이었다. 그는 예전의 낡은 가운에 대해서는 철저히 자신이 주인이었는데, 선물 받은 새 가운에 대해서는 지배를 당했다고 묘사하였다.

이후 인류학자인 그랜트 맥크래켄(Grant McCracken)은 저서 〈문화와 소비〉**에서 제품의 통일성, 즉 디드로 통일성(Diderot Unity)에 관해 언급하면서 제품 간의 연관성에 따른 소비 현상에 대해 기술하였다.

예를 들어 자동차, 가구, 의류와 같이 문화적·미학적으로 연관성이 높은 제품에 대해서는 한 제품의 구매가 통일성 있는 또 다른 제품의 구매로 이어지기 쉽다는 것이다.

이는 소위 말하는 '깔맞춤'의 경향을 이야기하는 것이다. 혹은 특정 브랜드의 의류를 구입한 후 만족하게 되면 해당 브랜드의 지갑, 신발 등 다른 품목으로 소비가 확장되는 심리를 일컫는 것이다.

** 원서는 Culture and Consumption 이다.

왜냐하면 한번 마음에 들기 시작한 색상, 디자인은 다른 영역으로 쉽게 확산, 전염되는 심리적 속성이 있기 때문이다.

컨설팅 회사에서 지급하는 노트북의 파워포인트에는 외부에서 구매한 파워포인트 보조 프로그램이 내장되어 있다. 보스턴컨설팅그룹에서는 '씽크셀'이라는 프로그램을 사용했었는데, 그래프와 도형 그리기 및 좌우정렬 등 편집 관련 기능들이 사용하기 편리하게 아이콘으로 정리되어 있다. 특히, 보스턴컨설팅그룹만의 도형과 그래픽 등이 프로그램에 내장되어 있어 쉽게 꺼내 쓸 수 있다.

2. 간결하면서 디테일하게 작성하라!

둘째, 컨설턴트의 보고서는 이해하기 쉽게 구성되어 있다. 보고서가 이해하기 쉬우려면 마치 어렸을 때 부모님이 동화책을 읽어주듯이 누군가가 이야기를 술술 풀어내는 것 같은 느낌이 들어야 한다.

보스턴컨설팅그룹의 한 파트너는 다음과 같이 이야기했다.

"컨설턴트의 슬라이드는 결코 어려워서는 안 된다. 마치 어머니 혹은 할머니께 들려 드리더라도 이해하실 수 있을 만큼 쉽고 명확해야 한다."

실제로, 필자는 슬라이드가 어느 정도 완성되고 보고일이 다가오기 시작하면 그때까지 완성된 슬라이드를 아내에게 보여주곤 한다. 슬라이드와 전혀 무관한 영역에 있는 사람이 때로는 최고의 관객이 될 수 있기 때문이다.

아내가 쉽게 고개를 끄덕이는 경우에는 십중팔구 보고가 성공적으로 끝났으며, 그렇지 않은 경우 프레젠테이션이 전쟁터로 변하는 경우를 종종 경험했다.

따라서 보고서 작성 시 독자 혹은 관객/청자들이 보고서의 각 슬라이드를 어떻게 마주하는지 상상하며, 슬라이드별 메시지의 흐름과 구성 양식을 고민해야 한다.

보통 독자들은 보고서 위쪽에 시선을 두었다가 본 내용의 좌우를 훑으며 보고서를 읽는다. 특히 50쪽 이상의 긴 보고 슬라이드를 받게 되면, 제목과 소제목 정도만 보면서 페이지를 넘기기 일쑤다.

따라서 잘 쓰인 보고서라 함은 타이틀, 헤드라인과 메시지 박스를 읽고 나서 슬라이드 가운데 놓인 그래프나 그림을 스캔했을 때 눈과 머릿속에 핵심 내용이 들어와야 한다.

독자가 슬라이드 가운데 내용을 세부적으로 들여다보기 시작한 순간 이야기의 흐름은 끊기게 되고 이해도는 떨어진다. 바야흐로 그래프나 도표, 그림은 설명을 돕기 위해 거들 뿐, 진짜 주인공은 헤드라인인 것이다.

필자가 보스턴컨설팅그룹에서 근무하던 당시 P 파트너는 헤드라인의 간결성에 있어서 그 누구도 넘볼 수 없는 열정과 애착을 보였다.

당장 내일이 최종 보고인데, 밤 12시를 넘겨 모든 팀원을 회의실에 불러 모아 50장이 넘는 슬라이드를 한 장씩 리뷰하면서 헤드라인을 최대한 간결하고 명확하게 편집하는 작업을 했던 것이 지금도 생생하게 기억난다. 어떤 때는 최종 보고 1시간 전까지 헤드라인 수정 작업을 하기도 했다.

"헤드라인은 한 줄이 넘으면 안 돼! 간결하면서도 충분히 디테일해야 해!"

P 파트너가 입에 달고 살던 문장이었다. 당시 컨설턴트 1년 차였던 나에게, 헤드라인이 한 줄이 넘지 않아야 한다는 의미를 이해하는 데 약간의 시간이 필요했다.

헤드라인이 간결하면서 충분히 디테일해야 한다는 포인트는

'찬란한 슬픔'처럼 역설적이었으며 '뜨거운 아이스 아메리카노'처럼 말이 안 되는 문장과도 같았다.

이제서야 어렴풋이 저 문장의 진정한 의미를 이해하는 것 같다. 간결함과 디테일은 서로 상치된 개념이 아니라 간결함을 추구하면서도 충분히 세밀한 내용을 담을 수 있다. 이 사실이 그 시절엔 왜 이해하기 어려웠을까.

전 서울대 경영대학 교수이자 현 한양대 석좌교수이신 윤석철 교수님은 간결함의 미덕에 대해 그의 책 〈삶의 정도〉 서문에서 다음과 같이 설파했다.

세상이 복잡해지면서 사람들의 머릿속 생각이 복잡해지고, 욕망과 가치관이 복잡해진다.[34] 기업도 조직이 복잡해지면서 경영 이념과 목표가 혼란에 빠지고, 의사결정의 기준도 모호해진다. 기업이 시장에 내놓는 제품의 내용이 복잡해지면서 그 사용에 필요한 에너지 소모와 고장 날 확률도 높아진다.

문자의 역사를 보면, 6천 자가 넘는 쐐기문자와 상형문자의 복잡한 체계가 한글처럼 20~30개의 글자로 간결화되면서 문명 개화의 가속화가 시작되었다.

숫자도 마찬가지다. 10개의 숫자를 사용하는 십진법 대신 2개의 숫자(0, 1)만 사용하는 이진법의 간결성 덕분에 디지털 컴퓨터가 탄생했다.

스웨덴의 한림원은 헤밍웨이(Ernest Hemingway)에게 1954년도 노벨 문학상을 수여할 때, 〈노인과 바다〉*에서 느낄 수 있는 '간결한 문체'를 만들어낸 공로를 치하했다. 그 후 헤밍웨이는 간결화의 비결을 묻는 말에서 "필요한 말은 빼지 않고, 불필요한 것은 넣지 않아야 한다"고 답했다.

레오나르도 다빈치(Leonardo da Vinci)는 "단순함은 궁극의 정교함이다"라고 설파하였다. 이는 스티브 잡스(Steve Jobs)가 평생의 모토로 갖고 살던 문장이기도 하다.

아인슈타인(Albert Einstein)도 발명의 원칙으로 "더 만들 수 없을 때까지 간단하게 만들어라"라는 신조를 갖고 있었다.

다시 P 파트너 이야기로 돌아가서 한 줄 헤드라인 관련 사례를 좀 더 자세히 이야기해 보자.

"국내 자산운용시장은 향후 5년간 인덱스형 펀드가 약 15% 성장하면서 전체 시장 성장을 견인함으로써, 전체 시장은 10% 이상의 높은

* 원서는 The Old Man and the Sea 이다.

성장률을 시현할 것으로 전망됨”

위의 문장은 어떠한가? 충분히 전달하고자 하는 메시지는 표현되었다고 생각된다. 하지만 보스턴컨설팅그룹의 슬라이드 포맷에 비춰봤을 때 분명 헤드라인은 한 줄을 넘기고 말 것이다. 한 줄로 요약되도록 정리해 보자.

“국내 자산운용시장은 인덱스형 중심의 고성장 전망됨”

한 줄 헤드라인의 핵심은 슬라이드별 헤드라인만 따로 떼어내어 읽더라도 보고서 전체의 내용이 거슬리는 것 없이 자연스럽게 연결되어야 한다는 것이다. 따라서 어떤 컨설턴트들은 헤드라인 앞에 ‘한편’, ‘특히’, ‘더 나아가’와 같은 추임새를 적절하게 사용하기도 한다.

헤드라인을 작성하는 법에는 크게 두 가지 방식이 있다.

첫째, 주제 및 아젠다를 명사형으로 간략하게 제시한다. ‘시장 전망’, ‘경쟁사 및 자사 현황’, ‘고객 니즈 분석’, ‘기술 동향 및 트렌드’ 등과 같이 나열하는 방법이다.

둘째, 메시지 중심의 스토리텔링을 만든다. ‘시장은 향후 5% 성장할 것으로 전망됨’, ‘경쟁사는 B2B에 집중한 반면, 자사는

B2C에 강점을 보유', '20~30대 고객 중심으로 고객 니즈가 더욱 다양화되는 추세', '향후 기술은 ABC 방식이 주도할 것임' 등과 같이 메시지를 전달하는 방법이다.

다시 말하면 컨설팅 회사에서는 두 번째인 '메시지 중심의 스토리텔링' 방식을 더욱 선호한다. 가끔은 첫 번째 방법과 두 번째 방법을 혼용하는 경우도 있다. 즉, 헤드라인을 2개로 분리하여 헤드라인 상단에는 '시장 전망'을, 한 줄 아래에는 '시장은 향후 5% 성장할 것으로 전망됨'을 기술하는 방법이다.

필자는 보통 두 번째 방법을 선호하나 보고 세팅 및 청자의 이해 수준에 따라서 첫 번째와 두 번째를 혼용하여 사용한다.

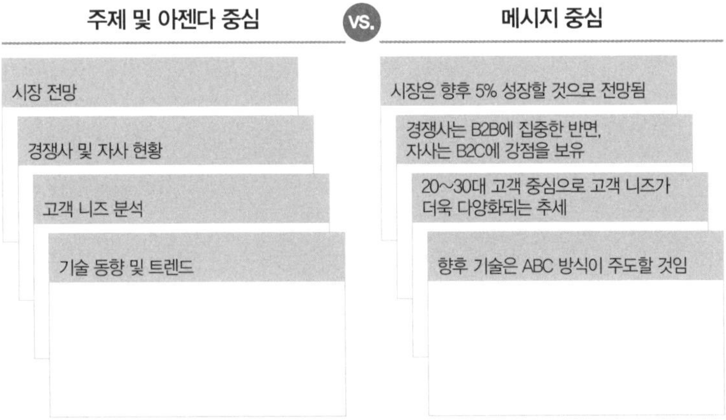

[주제 및 아젠다 중심과 메시지 중심 비교]

3. 논리적으로 작성하라!

셋째, 컨설턴트의 보고서는 논리적이다. 첫 장부터 마지막 장까지 한붓그리기로 그려낸 수묵화처럼, 컨설턴트는 수많은 씨줄과 날줄의 데이터들을 체계적인 논리의 줄기에 맞춰 이야기를 풀어낸다.

앞서 언급한 가독성과 이해하기 쉽게 구성되어야 한다는 점 등이 형식적인 측면의 요소라면, 논리성이야 말로 콘텐츠의 실질과 맞닿아 있는 영역이다.

"무언가 주장하기에 앞서 스스로에게 3번 Why를 물어봐야 한다네. 스스로의 Why에 대해서도 자신 있게 대답할 수 없다면 고객사에게 어떻게 논리적 주장을 전달할 수 있겠는가?"

보스턴컨설팅그룹에서 첫 번째 프로젝트를 진행할 때 K 팀장이 나에게 전해 준 조언이다.

"고객은 이번 신상품에 대해서 폭발적인 반응을 할 것입니다."

상기 주장에 대해서 어떤 Why로, 즉 어떤 질문으로 논박(Challenge)할 수 있을까?

Why 1 – "이번 신상품이 기존 상품과 어떠한 점이 다르다는 거죠?"

Why 2 – "이번 신상품이 경쟁사 신상품과 어떠한 점이 차별화 되나요?"

Why 3 – "과거 혹은 해외 시장에서 이번 신상품 출시와 유사한 사례가 있었나요?"

이러한 예상 질문에 대한 대답을 미리 맛보기로 보여주면서 문장을 전개하는 것이 훨씬 유리하다. 화자가 그러한 Why를 간과한 것이 아니라 이미 충분히 고려했다는 힌트를 미리 던지는 것만으로도 논리적인 도전을 절반 이상으로 경감시킬 수 있다.

"이번 신상품은 과거 문제로 지적되어온 소음 문제를 50% 이상 획기적으로 경감시켰고, 경쟁사 대비 30% 이상 성능이 개선되었으며, 더 나아가 동 상품이 선 출시된 미국 시장에서 전년 대비 50% 매출 신장된 것을 고려했을 때 한국에서도 폭발적인 소비자 반응이 예측됩니다."

어떠한가? 조금 더 설득력이 있는가?

4. 객관적이고 신뢰성 있게 작성하라!

마지막으로, 컨설턴트의 보고서는 객관성과 신뢰성에 기반하고 있다. 요새는 이미 유명해진 말이지만 '팩트 체크'된 데이터와 정보 및 지식에 따라 보고서가 작성된다. 컨설턴트의 분석 내용과 권고 사항은 객관적으로 입증 가능한 데이터로 보완하거나 업계 전문가의 인터뷰 등으로 보강한다.

[JTBC 뉴스의 팩트 체크 한 장면]

따라서 컨설턴트 보고서에 들어가는 각종 그래프는 해당 수치를 그래프 외부에 표시하는 것이 원칙이며, 그래프 뒤에 숨어 있는 데이터일 경우 다시 가공할 수 있도록 정확한 수치가 들어 있어야 한다.

·가끔 그래프의 외관과 다른 내용이 그래프 안의 엑셀에 들어 있는 경우 혹은 그래프가 수정이 불가하게 그림으로 복사된 경우가 있는데, 이러한 작은 부분들이 보고서 전체의 신뢰도에 나쁜 영향을 미친다는 점을 명심해야 한다.

더 나아가, 컨설턴트 보고서의 경우 인용된 내용의 출처를 각 보고서 하단의 출처란에 기재하며 필요 시 각주를 달아 추가 설명을 기재한다.

컨설턴트 주니어 시절에는 출처와 각주를 자주 잊곤 하는데 비록 차지하는 공간은 작지만, 보고서의 신뢰도를 높이는 데 있어서는 출처와 각주가 차지하는 중요성은 매우 높다고 할 수 있다.

보고서를 읽는 고객사의 경우, 컨설턴트의 주장이 과연 합당한 것인지 여부를 보고서 내용과 기초 데이터와 비교해가며 확인한다. 슬라이드별로 달린 출처와 주석이 보고서와 기초 자료 사이의 연결고리로서 작용하는 것이기 때문이다.

따라서 어떤 팀장의 경우 보고서 마무리 단계에서 팀원 중 1명을 지정하여 출처와 각주만 전담으로 확인하는 역할을 부여하기도 한다.

보고서의 신뢰성과 관련해서 맞춤법의 중요성은 아무리 강조해도 지나침이 없다. 아무리 똑똑하고 논리적인 컨설턴트라 할지라도 본인이 평상시에 사용하는 단어나 표현에 있어서는 관대하기 쉽다.

따라서 파워포인트에서 빨간 줄이 나타나도 특별한 문제를 인지하지 못하고 그냥 넘어가는 경우가 있다. 이러한 오탈자의 오류를 방지하기 위해서는 동료끼리 상대방의 보고서를 검토해 주는 것이 필요하다. 내용과 맥락의 흐름과 관계없이 철저히 오탈자가 있는지에 맞춰서 말이다.

보고서를 처음 마주하는 고객사 입장에서 오탈자가 자주 발견되면 보고서의 논리 흐름이 툭툭 끊기는 것을 넘어 보고서 전체의 신뢰도가 와르르 무너지기 마련이다. 이는 심리학에서 이야기하는 현저성 효과(Vividness Effect)와도 관련이 있다.

현저성 효과란 존경하는 인물이 가지고 있는 극히 인간적인 모습을 쉽게 잊지 못하거나 실망 또는 존경의 마음이 흔들릴 정도로 그 특징이 강력하게 기억에 오래 남는 것을 일컫는 말이다.[35]

예를 들면, 평소 존경하던 상무님이 식사 중 트림을 했을 경우에도 현저성 효과가 나타난다.

이를 좀 더 확대해서 해석해 보면 '깨진 유리창의 법칙(Broken Windows Theory)'으로 이해할 수도 있다. 평소에 자신이 자주 지나던 거리를 걸어가는데 어떤 상점의 쇼윈도에 누군가 돌을 던졌는지 유리창이 깨져 있는 것을 봤다고 하자.[36] 그런데 그 다음 날에도 그 깨진 유리창이 그대로 방치돼 있다면 어떤 생각이 들겠는가? 그 빌딩 주인이나 관리인이 이 건물에 대해 별로 애착이 있지 않다고 생각할 것이다.

그래서 자신마저 돌을 던져 그 유리창을 깨도, 누구도 상관하지 않을 것이라는 도덕적 해이(moral hazard)가 들지도 모른다. 이런 생각이 다른 사람들에게도 전파된다면 무법 상태에서 모든 유리창이 깨지는 상황이 벌어지고 말 것이다.

후미진 구석에 멋대로 방치된 자동차가 형편없이 망가지는 것도 마찬가지 논리이다. 정말 그럴듯하지 않은가? 이것이 바로 '깨진 유리창 법칙'이다.

우리나라 말 중에 '하나를 보면 열을 안다'는 속담이 있다. 좀 더 학문적인 표현으로는 환원주의(reductionism)라고 한다. 각 부분에는 전체가 축약돼 있다는 논리다.

기업들이 얼핏 보기에는 하찮은 것처럼 보이지만 소비자들은 그러한 세세한 것에서 기업의 전체 이미지를 확대해서 해석한다. 그리고 이러한 이미지는 상품 구입에 영향을 미치기 마련이다.

예를 들면 고객은 식당의 화장실이 더러우면 그 식당의 주방에 들어가 보지는 못했지만 주방 역시 더러울 것이라고 짐작한다. 따라서 그 고객은 그 식당 출입을 자제하게 될 것이다.

어떤 회사에 전화를 걸었다면 전화를 받은 직원이 하는 말을 듣고서 그 회사에 대한 전체적인 이미지를 형성한다. 낯선 나라에 방문한 외국인은 이동 중 탄 택시 운전사의 행태를 보고 그 나라의 전체적 이미지를 갖기도 한다.

오탈자의 중요성을 인지한 몇몇 파트너는 최종 보고를 앞두고 오탈자 1건당 1천 원씩 상금을 거는 경우도 있다. 가끔은 상금에 눈이 멀어 일부러 보고서 안에 오탈자를 심어놓는 컨설턴트도 있을 수 있기 때문에 본인의 보고서 아닌 다른 컨설턴트의 보고서에서 찾은 때만 상금을 지급해야 한다는 점을 명심하자.

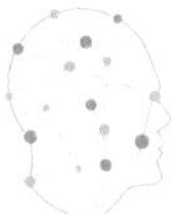

CHAPTER 13

사람의 마음을 사로잡는 스토리라인 작성하기

가설검증을 위한 다양한 분석과 작업이 이뤄져 재미있는 결과가 생기면 이제는 이것들을 하나둘씩 모아서 하나의 연결된 스토리라인을 구성해야 한다.

스토리라인은 영화로 치면 시나리오에 해당한다. 영화가 실제 필름에 찍혀 나오기 전 단계에서 시나리오가 가장 구체화된 스토리인 것처럼 보고 슬라이드에서도 스토리라인은 최종 슬라이드의 방향성과 품질을 책임질 가장 중요한 부분이다.

하지만 영화 시나리오처럼 스토리라인 역시 완결된 작품이라기보다는 최종 슬라이드를 위해 존재하는 미완성품이라는 태생적 한계로 인해 그 중요성이 등한시되는 경우가 있다.

태양의 후예, 도깨비, 시크릿 가든, 파리의 연인, 신사의 품격

한국을 대표하는 드라마 작가 김은숙의 작품들이다. 김은숙 표 드라마는 시청률 보증수표와 같은 유명세를 갖고 있다. 제작 PD부터 출연진 선정까지 김은숙 작가의 영향력은 엄청나다. 방송국 관계자, PD 등 촬영진, 배우 및 엑스트라 등 출연진, 음향 감독 등 수많은 사람의 피, 땀, 눈물이 모여 한 작품을 구성하지만, 시나리오가 탄탄할 경우 시나리오 작가가 얼마나 큰 영향력을 행사할 수 있는지를 볼 수 있는 사례이다.

보고 슬라이드 작업도 마찬가지다. 스토리라인이 탄탄하게 잘 구성된다면, 최종 프로젝트가 80% 이상은 성공할 수 있는 궤도에 올라섰다고 해도 과언이 아니다.

스토리라인은 보통 마이크로소프트 워드로 자유롭게 기술하는 것이 일반적이다. 워드로 구성할 때의 가장 큰 장점은 탭 버튼과 반대로 탭 버튼을 눌러가며 Bullet point (●○◆◇■□…)로 스토리의 레벨링(leveling)을 조절할 수 있다는 것이다.

스토리라인 역시 메시지가 자연스럽게 진행되는 것도 중요하지만 구조화의 관점에서 MECE가 유지되는지 확인하는 것이 중요하다. 따라서 논리가 흐트러지는 경우 각 문장의 위치와 레벨링을 조절하면서 전체 이야기의 흐름과 논리를 지속적으로 챙기는 것이 매우 중요하다.

예를 들어, 10주 프로젝트를 한다고 가정할 경우 3주 차부터 5주 차까지는 스토리라인만으로 팀장과 논의하는 것이 일반적이다. 스토리라인이 합의되지 않을 경우 가설 수립 및 검증 단계를 몇 번이고 다시 진행하며 새로운 결과에 맞춰 스토리라인을 계속 수정하는 작업을 하게 된다.

컨설턴트 입장에서는 어둡고 긴 터널을 지나는 심정으로 힘들고 지난한 과정이지만, 오랜 인고의 시간 끝에 허물을 벗고 날아오르는 매미와 같이 최종 슬라이드의 성공을 위해서 스토리라인 작성 단계의 중요성은 아무리 강조해도 지나침이 없다.

얼마 전 필자를 찾아온 고객사가 있다. 지방 중·소도시에서 LPG 가스 충전업을 운영 중인 사업가로서 2대째 가업을 물려받고 있는 분이었다. 알고 보니 필자의 학교 선배였는데 사법고시 준비 중에 아버지께서 위암으로 쓰러지시는 바람에 제대로 준비되지 않은 상황에서 사업을 물려받은 사례였다.

고객사의 고민거리는 생각보다 단순 명확했다. 향후 전기차, 수소차 등 친환경차가 도래할 것이 명확한 상황에서 고객사의 가스 충전업의 미래에 대한 전망이 궁금했던 것이다.

1주일짜리 짧은 프로젝트로서 시장 동향과 정부 규제 현황 연구에 집중된 보고서이지만 스토리라인을 구성하는 것과 관련해서는 훌륭한 사례라고 판단되어 여기에서 공유한다.

- 국내 수송용 LPG 수요는 향후 2~3년간 약 xx% 수준으로 지속 감소한 후, '20년 이후 연간 xx만 톤씩 시장이 성장할 것으로 전망
    - ○ '09년 4,500만 톤에서 '16년 3,515만 톤으로 약 xx% 감소하였으며, '17년은 '16년 대비 xx% 감소할 것으로 전망됨
    - ○ 이는 국내 LPG 차량의 수요가 2010년을 정점으로 지속 감소한 것에 기인
        - ■ 국내 LPG 차량은 '10년 2,455만 대에서 '16년 2,185만 대로 약 xx% 감소
    - ○ 하지만, '20년 이후 연간 60만~70만 톤씩 시장이 성장할 것으로 전망되며 추가 규제 완화가 실현될 경우 최대 연간 250만 톤의 추가 성장이 가능함
        - ■ 최근, 5인승 RV의 LPG 사용이 허가('17년 10월)되었으나, 완성차 업체가 해당 모델을 출시하는 데는 약 2~3년간 소요될 것으로 전망
        - ■ 5인승 RV외 소형차 및 중대형차까지 LPG 사용이 허가될 경우 연간 LPG 수요 증가분은 최대 250만 톤으로 전망됨
- 반면, '25년 이후에는 전기차 등 친환경차 시장이 본격 성장됨에 따라, LPG를 포함한 모든 내연 기관 자동차의 보급 대수는 감소세로 전환할 것으로 전망됨
    - ○ '25~'30년 사이 전기차가 보조금 없이도 기존의 휘발유 동력 자동차와 비슷한 수준의 가격 경쟁력을 갖출 것으로 전망 2040년까지 전기차가 전 세계 신차 판매량의 54%를 차지할 것으로 전망
    - ○ 중국, 미국, 유럽 등 주요 국가들은 전기차 등 친환경차 보급에 주력

    - 더 나아가, 중국은 2018~2020년 사이 전체 자동차 판매량 중 친환경차 비율을 8%, 10%, 12%로 의무 생산하는 방안을 앞두고 있음
    - 미국은 캘리포니아주를 비롯한 9개 주에서 무공해차량 생산 의무제 시행
    - 유럽에서는 주요 국가별 내연기관 자동차 판매 중단 예정(네덜란드/노르웨이: '25년, 영국/프랑스: '40년)
  - 한편, 국내에서는 '20년까지 전체 신차 생산의 xx%인 25만 대를 전기차로 보급할 것을 목표로 함('17년 상반기 기준 전체 신차 중 전기차의 비중은 0.5%)
- '17년 1~3분기간 LPG 국제가격은 약 xx% 상승하였으나, 향후 미국 공급이 점차 안정화될 것으로 전망됨에 따라 가격은 점차 하락할 것으로 전망됨
  - 상대적으로 저렴해진 가격을 바탕으로 석유화학/산업용 중심으로 LPG 수요가 성장하며, 지역별로는 중국/인도/인도네시아가 중장기적인 수요 성장을 견인할 것임
  - 이에 따라, 가스 충전소의 공급업체인 SK 가스, E1 등 LPG 수출입 업체의 수익성은 점차 개선되어 가스 충전소에 대한 공급가 인상 압력은 완화될 것임
    - SK가스, E1 등 국내 업체는 석유화학/산업용 중심으로 수요처를 다변화하였으며, 중국/인도/인니 등 신흥 시장 내 우수한 포지셔닝 확보
  - 더 나아가, 글로벌 LPG 공급량 증가와 가격 하락은 국내 LPG 차량 규제 완화에 힘을 실어줄 것으로 기대됨
- 한편, 최근 5년간 국내 LPG 충전소 경쟁은 더욱 치열해지면서 충전소당 판매량 악화되고 있으며, 대형 법인 택시 등의 고객의 납품 가격 인하 압력은 더욱 격화??

○ LPG 충전소 증가(xx%): 1,897톤('11) 1,963톤('16) vs. 충전소당 판매량 감소(–xx%): 2,240톤('11) 1,791톤('16)

…

위의 스토리라인을 보면 알겠지만, 일부 영역은 'xx' 혹은 '??'로 표현되어 있다. 이는 실제 데이터를 검증하기 이전에 스토리라인의 구조를 잡기 위한 임시적인 조치이다. 왜냐하면, 결국엔 'xx'와 '??'가 실제 데이터로 채워질 것이라는 믿음이 있기 때문이다.

컨설팅 회사에서는 스토리라인을 Executive Summary로 표현하기도 한다. 임원진에게 보고하는 짧은 요약글이라는 의미로 시작한 것인데, Executive Summary 안의 각 Bullet point는 나중에 한 장의 슬라이드로 전환되도록 구성되어야 한다. 즉, 충분한 정보를 담아야 하고 간결해야 한다는 것이다.

Executive Summary는 최종 슬라이드 앞에 2~3장 첨부되기도 한다. 이는 임원진이 모든 보고서를 보기 이전에 내용을 대략적으로 파악할 수 있도록 하기 위함이다.

앞의 충전소 스토리라인을 Executive Summary 형태로 정리한 버전을 살펴보자.

국내 차량 등록 대수 현황 및 추이 전망	**국내 자동차 시장은 향후 친환경차가 전체 성장을 견인하는 가운데, LPG 차량은 20년까지 약 3% 감소 후 20년 이후 약 5% 성장할 것으로 전망됨** • 친환경차는 '16~'25년간 약 30% 성장하는 반면, 화석 연료 차량은 동기간 약 2% 성장할 것으로 전망 – 전체 등록 차량 중 친환경차 비중은 '25년 최대 10% 도달할 것으로 전망 • 화석 연료 차량은 점차 둔화될 것으로 전망되며, 특히 경유차의 수요가 단기적으로는 가솔린, 중장기적으로는 LPG 차량으로 이동할 것으로 전망 – 5인승 RV 차량의 LPG 사용 허가로 인해 차량 출시가 시작될 20년부터 약 5% 성장될 것으로 전망 (전체 신규 차량 중 약 10%가 LPG로 출시 가정 vs. 현재 6.6%) – 또한, 어린이 통학용 차량이 기존 디젤차에서 LPG차로 전환될 가능성 존재 • 친환경차 보급 관련 국내 정부는 총력을 기울이고 있으나, 본격적인 시장 확대는 '25년 이후로 전망됨 – 전기차가 정부 보조금 없이 자생적으로 가격 경쟁력을 갖출 수 있는 시기는 '25년 이후임 → '40년까지 전기차가 전 세계 신차 판매량의 54%를 차지할 것으로 전망 – 중국, 미국, 유럽은 친환경차 생산 의무 및 내연 기관 자동차 판매 중단 등 적극적인 움직임 – 이에 반해, 친환경차 관련 국내 움직임은 아직 더딘 수준: 전기차와 수소차 간 '선택과 집중' 취약, 충전 인프라 관련 민간의 참여 부족 등
국내 수송용 LPG 수요 추이 및 전망	**이에 따라, 국내 수송용 LPG 시장은 '20년까지 수요가 지속 감소된 후, '20년 이후 회복할 것으로 전망됨** • 충전소 수가 '16년 수준(1,963개)을 유지할 경우, '20년에는 충전소당 판매량이 1,614톤까지 하락할 전망 → '보릿고개' 진입 • 하지만, '보릿고개를 견딘 자' 는 '20년 이후 약 5년간 안정적 수요를 향유할 수 있을 것으로 기대됨 – '12년 이후 국내 LPG 가격은 꾸준히 하락해오다가 올해 상반기 소폭 상승하였으나, 중장기적으로 안정화 혹은 하락할 것으로 전망 – LPG 수송용 수요 증가를 위하여 여당과 야당 구분 없이 다양한 규제 완화 법안 발의 상태

[충전소 사례의 Executive Summary]

CHAPTER 14

Mock deck으로 신뢰 쌓기

작곡가들은 음악을 작곡하여 대강의 느낌을 전달하고자 할 때 가이드 녹음이라는 것을 한다. 가사도 없는 경우가 대부분이며, 실제 노래를 부를 가수에게 곡 전체의 느낌과 노래할 때의 주요 포인트를 알려주는 것이 목적이다.

그림을 그릴 때도 마찬가지다. 화가들은 대부분 그림을 본격적으로 그리기 이전에 스케치(sketch)라는 밑그림을 그린다.

스케치는 본 그림을 그리기 전에 머릿속의 아이디어를 개략적으로 표현한 밑그림이다. 아무리 훌륭한 화가라 할지라도 스케치의 중요성을 간과하지 않는다.

컨설턴트가 슬라이드를 그리는 과정도 마찬가지다. 스토리라인이 완성되면 컨설턴트는 자신이 그리고자 하는 슬라이드의 대강을 손으로 그려서 팀장과 파트너와 협의한다. 이를 막덱(Mock deck)이라 부르는데, 경우에 따라서는 Ghost deck, Skeleton이라고도 한다.

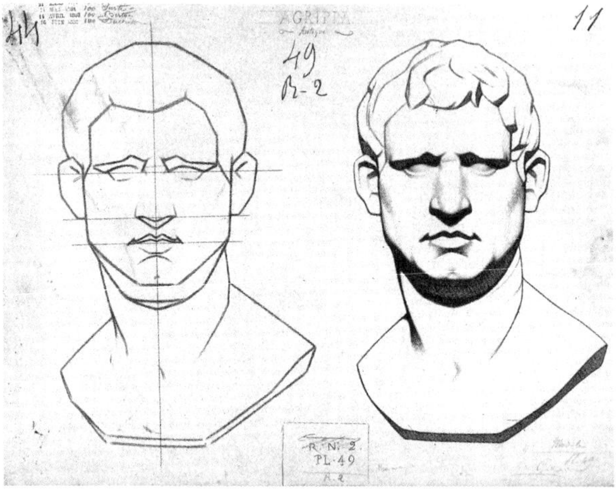

[스케치 사례]

막덱을 구성할 때는 세밀한 내용까지 모두 표현할 필요는 없다. 하지만 적어도 헤드라인 메시지, 슬라이드 몸통 좌우에 어떠한 분석 결과가 그래프, 도형 등으로 들어갈지에 대해서는 표현해야 한다.

막덱을 그리는 가장 큰 목적은 전체 슬라이드 콘텐츠를 총괄하는 팀장과 파트너에게 모듈별로 어떠한 내용이 담길지 미리 공유하여 전체 스토리가 정렬(Align)되도록 하기 위함이다.

충전소 프로젝트의 막덱 중 일부를 공유하겠다.

먼저 필자는 빈 A4 종이를 크게 4등분(가끔은 9등분하기도 한다)하여 영역을 구분하였다. 그리고 슬라이드에 어떠한 헤드라인이 들어가고, 어떤 그래프와 내용으로 채워질 것인지를 연필로 대강 스케치하였다.

실제 필자가 스케치한 내용을 첨부하면 다음과 같다.

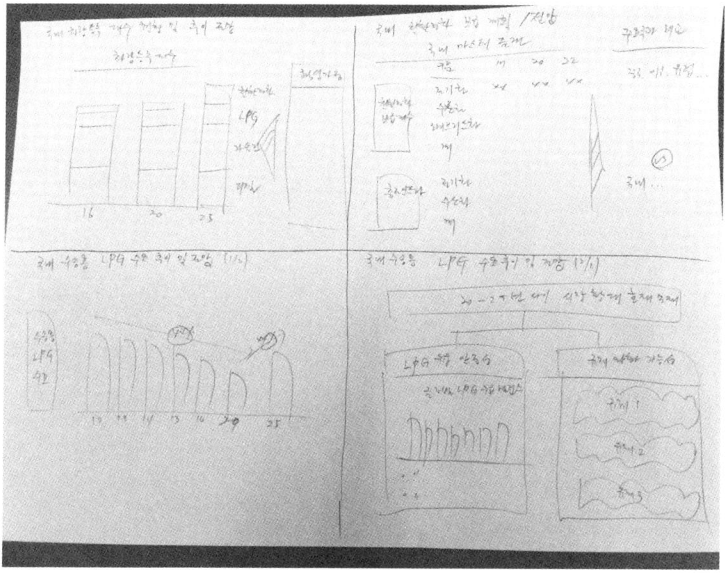

[충전소 사례의 막덱 슬라이드 사진]

독자의 이해를 돕기 위해 사진 파일 내 그림을 슬라이드로 변환한 내용을 공유하면 다음과 같다.

국내 차량 등록 대수 현황 및 추이 전망

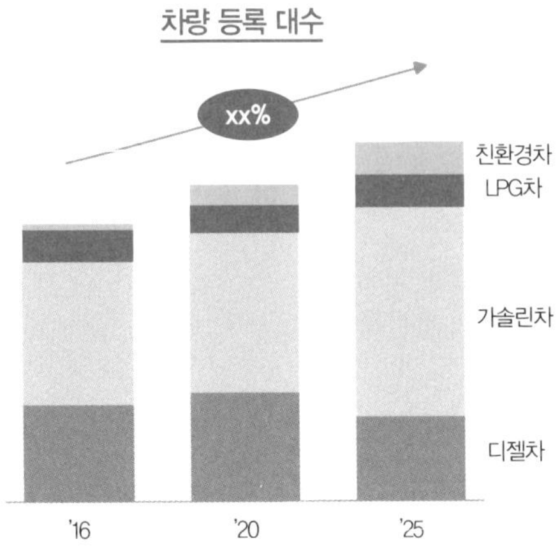

핵심 가정

- //

[충전소 막덱 슬라이드 1/4]

국내 친환경차 보급 계획 /전망

국내 마스터 플랜

	구분	'17	'20	'22
친환경차 보급 대수	전기차	xx	xx	xx
	수소차			
	하이브리드차			
	계			
충전 인프라	전기 (급속)			
	수소			
	계			

주요국과 비교

- 중국, 미국, 유럽…
  - //

VS.

- 국내…
  - //

[충전소 막덱 슬라이드 2/4]

국내 수송용 LPG 수요 추이 및 전망 (1/2)

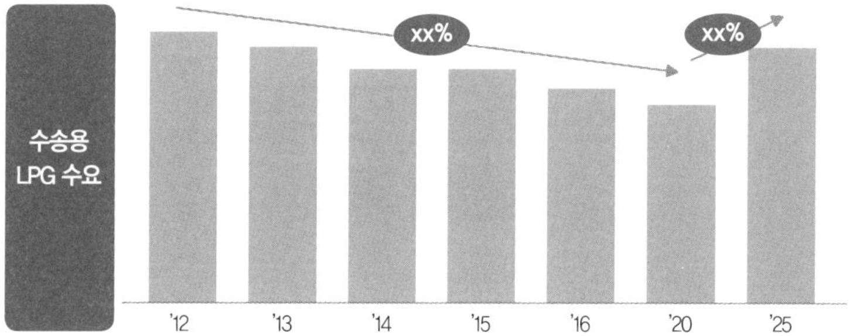

[충전소 막덱 슬라이드 3/4]

국내 수송용 LPG 수요 추이 및 전망 (2/2)

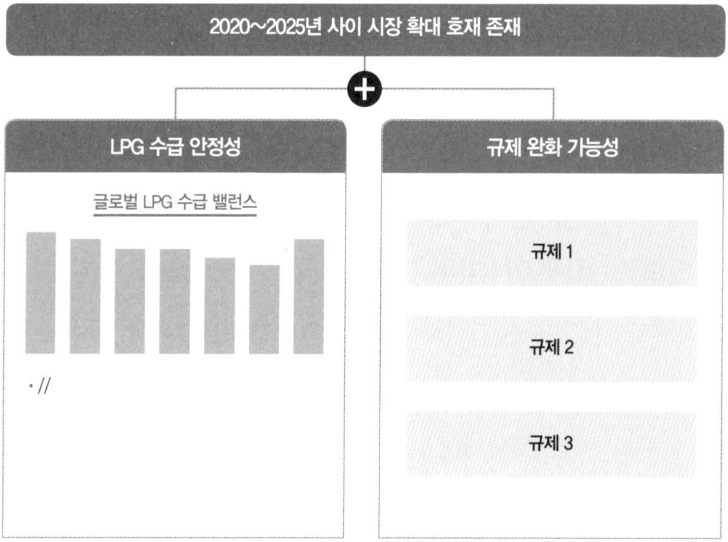

[충전소 막덱 슬라이드 4/4]

CHAPTER 15

창조적 슬라이드 작성의 심리학 개론

이제 본격적으로 슬라이드를 작성하는 단계이다. 앞서 언급한 막덱(Mock deck)으로 팀장과 파트너와 이미 협의를 하였다 하더라도 슬라이드 구성이나 그래픽, 이미지에 대한 자율 권한은 여전히 개별 컨설턴트의 몫이다.

여기서부터 각 컨설턴트의 창의성이 발휘되는 영역이 펼쳐지는데, 창의적인 슬라이드를 그리기 위해서 어떻게 해야 하는지 좀 더 구체적으로 알아보자.

모방은 창조의 어머니

창의적이기 위해 많은 고민을 한다.[37] 창의성은 쉽게 얻어지기가 어려운 그 무엇이다. 그렇다고 무조건 선천적인 것은 아니다. 후천적으로나마 창의적이고자 하여 창의성을 습득하기 위한 방법과 방법론이 제안되고 있다. 먼저 '모방'이다. 피카소(Pablo Picasso)는 이렇게 말했다.

"좋은 예술가는 모방하고, 뛰어난 예술가는 훔친다."

창의적이기로는 둘째가라면 서러워할 피카소가 모방을 칭찬했으니, 20세기 후반 일본의 모방경제도 창의적이라 하겠다.

모방이 다른 것을 본뜨는 것이라 한다면, 다른 것들을 본뜨고 합치는 것을 '조합'이라 할 수 있다. 복수의 사물이나 현상의 일부를 합해서 새로운 것을 만들어내는 것인데, 조합은 현재까지 알려진 가장 체계적이고 가시적으로 창의적 산물을 얻어내는 방식인 것 같다.

[벨라스케스의 〈시녀들〉 1656년 作]

피카소의 유명한 일화 중 하나로 6세 때 벨라스케스의 그림 〈시녀들〉을 보고 매일 이 그림을 똑같이 따라 그렸다고 한다.[38] 그리고 76세가 되어서도 피카소는 〈시녀들〉을 따라 그렸다. 〈시녀들〉 전체 그림을 그리기도 하고 일부를 떼어 그리기도 했는데, 결국 그는 다음과 같은 그림을 재창조하기에 이른다.

[피카소의 〈시녀들〉 1957년 作_피카소 박물관에는 '시녀들'을 그린 그림이 58점이나 있다.]

대형 컨설팅 회사에는 내부 데이터베이스가 있는데, 이 공간에는 전 세계 오피스에서 프로젝트 최종 결과물 슬라이드를 고객사의 비밀(confidentiality)을 해하지 않는 범위에서 내용을 가공 및 완화(sanitize한다고 표현한다)하여 공유한다.

따라서 새로운 프로젝트를 착수하게 되면 가장 먼저 시작하는 것이 내부 데이터베이스 안에 유사한 프로젝트의 결과물이 존재하는지 찾아보는 것이다.

이는 앞서 경험한 자들의 노하우와 방법론을 익히는 것은 물론, 그들이 사고와 분석의 결과물을 어떻게 슬라이드에 옮겨놨는지를 모방할 수 있는 매우 훌륭한 기회이기 때문이다.

필자가 근무했던 보스턴컨설팅그룹에서는 매달 케이스 셰어링 세션이 있다. 서울 오피스에도 컨설턴트가 100명가량 근무하다 보니, 개별 컨설턴트가 어느 프로젝트팀에서 어떠한 슬라이드를 그리는지 서로 모르는 경우가 대부분이다.

따라서 컨설턴트들이 돌아가면서 자신의 슬라이드 결과물을 sanitize해서 다른 컨설턴트와 공유하는 것이다. 특히, 프로젝트 진행 중에 어떠한 방식으로 접근하였고, 어떻게 슬라이드에 표현해냈는지를 상호 공유 및 논의하는 것이 본 세션의 핵심이다.

Connect the Dots: 연결의 힘

스티브 잡스는 과거 한 언론사와 창의력과 관련하여 매우 중요한 인터뷰를 진행하였다.[39]

"창의력은 여러 가지 것들을 단순히 연결하는 것이다. 창의적인 사람들에게 어떻게 중요한 일을 했는지 물으면, 대다수가 약간의 죄책감을 느낀다. 그들은 실제로 그 일을 하지 않았으며 그저 뭔가를 보았을 뿐이기 때문이다. 그리고 일정한 시간이 지나면서 그것들이 분명해졌다. 그들에겐 과거의 경험들을 연결해 새로운 것을 조합해낼 수 있는 능력이 있었던 것이다. 그것이 가능했던 이유는 그들이 다른 사람들보다 더 많은 경험을 쌓았거나 아니면 자신의 경험에 대해 더 많은 생각을 했기 때문이다."

결국, 다른 사람의 작업 결과물을 관찰하고, 모방하며, 여러 아이디어를 조합 및 연결하는 것이 창의적 슬라이드 작성의 밑거름이 되는 것이다.

앞서 언급한 LPG 충전소 프로젝트의 최종 슬라이드 중 일부를 발췌하여 다음에 소개한다. 다음 필자가 그린 슬라이드를 훑어보기 전에 여러분이 본 프로젝트를 했었다면 어떠한 슬라이드를 그렸을지 마음속에 떠올려 보고 비교해 보자.

또한, 앞서 제시한 막덱이 어떻게 진화했는지 살펴보는 것도 재미있는 관전 포인트일 것이다. 모든 내용이 아닌 일부 슬라이드만 공유하는 점 양해를 구한다.

국내 차량 등록 대수 현황 및 추이 전망

향후 친환경차가 전체 시장 성장을 견인하는 가운데, LPG 차량은 '20년까지 약 3% 감소 후 '20년 이후 약 5% 성장할 것으로 전망됨

국내 차량 등록 대수 현황 및 추이 전망

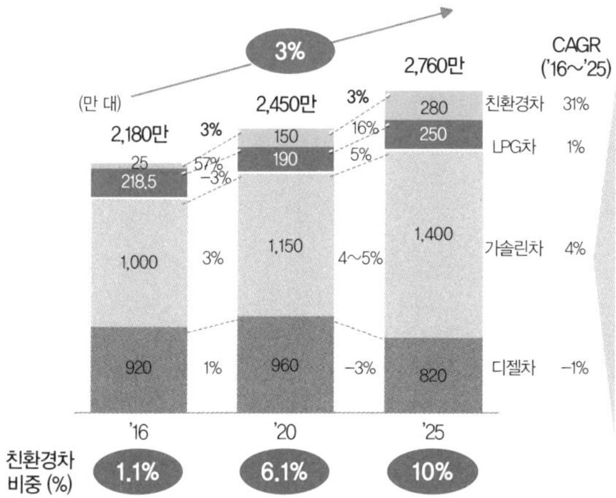

핵심 가정

- **전체 자동차 등록 대수는 향후 3% 지속 성장 가정 (최근 5년간 3~4% 성장)**
- **친환경차 비중은 '25년에 최대 10% 도달 가정**
  - 국토부 발표 기준 친환경차 비중: '16 (1%) → '20 (6%) → '22 (7%)
- **화석 연료 차량 성장률은 점차 둔화될 것으로 가정**
  - LPG 차량: '20년까지 3%씩 감소 → '20년 이후 규제 완화로 인해 5%씩 성장 가정 (전체 신규 차량 중 10%가 LPG로 출시 가정)
  - 가솔린 차량: '20년까지 시장 평균 성장 추정 → '20년 이후 시장 성장 상회 (4~5%) 가정
  - 디젤 차량: '20년까지 시장 성장을 하회 → '20년 이후 역성장 가정

출처: 국토부, SCG 분석

[충전소 사례 최종 슬라이드 예시 1/4]

국내 친환경차 보급 계획 /전망

정부는 친환경차 보급에 총력을 기울이고 있으나, 본격적인 시장 확대는 '25년 이후로 전망

친환경차 보급 확대를 위한 마스터 플랜 (환경부)

	구분	'17년 하반기	'20년 (e)	'22년 (e)
친환경차 보급 대수 (누적)	전기차	1.2만대	25만대	35만대
	수소차	0.01만대	1만대	1.5만대
	하이브리드차	23.8만대	124만대	163.5만대
	계	25만대	150만대	200만대
충전 인프라 (누적)	전기 (급속)	750기	3,000기	10,000기
	수소	14개소	100개소	310개소
	계	764개	3,100개	10,310개

주요국 대비 한국의 친환경차 움직임

- **중국, 미국, 유럽 등 주요 국가들은 친환경차 보급에 보다 적극적인 움직임**
  - 중국: '18~'20년 사이 전체 자동차 판매량 중 친환경차 비율을 8%, 10%, 12%로 확대
  - 미국: 캘리포니아주를 비롯한 9개 주에서 무공해 차량 생산의무제 시행
  - 유럽: 내연 기관 자동차 판매 중단 예정 (네덜란드/ 노르웨이: '25년, 영국/ 프랑스: '40년)

VS.

- **하지만 국내 움직임은 아직 더딘 수준**
  - 전기차와 수소차 중 '선택과 집중' 취약: 정부 부처별 엇박자 존재
  - 충전 인프라 확대 관련 민간의 참여가 부족한 수준
  - '17년 현재, 전체 전기차 중 약 50%가 제주도에 밀집 → 서울/ 경기 등 대도시로 확대되는 데 오랜 시간 소요될 것으로 추정됨

출처: 환경부, 신문기사

[충전소 사례 최종 슬라이드 예시 2/4]

국내 수송용 LPG 수요 추이 및 전망 (1/2)

국내 수송용 LPG 시장은 '20년까지 수요 지속 감소 후, '20년 이후 회복할 것으로 전망됨

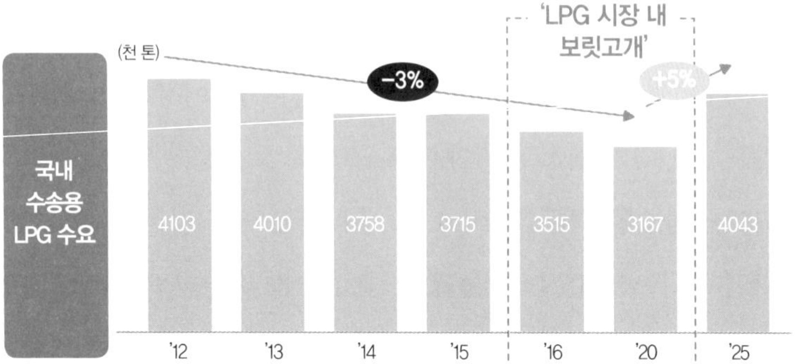

구분	'12	'13	'14	'15	'16	'20	'25
충전소 (개)	1,940	1,939	1,941	1,956	1,963	1,963 (유지 가정)	1,963 (유지 가정)
충전소당 판매량 (톤)	2,115	2,068	1,936	1,899	1,791	1,614	2,059

출처: 한국석유공사, IBK투자증권, SCG 분석

[충전소 사례 최종 슬라이드 예시 3/4]

국내 수송용 LPG 수요 추이 및 전망 (2/2)

하지만, '보릿고개를 견딘 자'는 '20년 후 5년간 안정적 수요를 향유할 수 있을 것으로 기대됨

2020년 이후 2025년까지는 LPG 시장이 확대될 호재 존재

글로벌 LPG 수급의 안정성 및 가격 하락 포텐셜

글로벌 LPG 수급 밸런스 추이

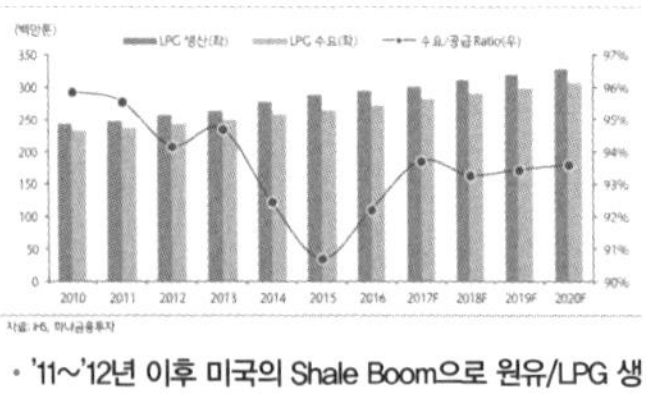

- '11~'12년 이후 미국의 Shale Boom으로 원유/LPG 생산이 급증 → 초과공급 국면 유지될 것
- '12년 이후 국내 LPG 가격은 꾸준히 하락, 올해 소폭 상승되었으나 향후 안정화/하락 전망

LPG 수송용 수요 증가 위한 추가 규제 완화 가능성

올해 7월 정재호 더불어민주당 의원이 '2000cc 미만 승용차의 LPG 허용법' 발의

작년 10월 곽대훈 · 윤한홍 자유한국당 의원이 'LPG 자동차 전면허용법' 대표 발의

올해 조배숙 국민의당 의원이 '액화석유가스의 안전관리 및 사업법 개정안' 발의…1600cc 미만 승용차에 LPG연료 허용 추진 논의

출처: 하나금융투자, 신문기사

[충전소 사례 최종 슬라이드 예시 4/4]

성공적 슬라이드 작성의 3단계

슬라이드를 보게 되면 밸류체인, 조직도, 그래프, 지도 등 수많은 종류의 이미지가 넘쳐난다. 이는 크게 계량적 그래픽과 비계량적 그래픽으로 그룹화가 가능하다.

이제는 슬라이드를 그리기 위해서 어떻게 그림을 그려 나가야 하는지를 결정해야 하는 단계이다. 이는 다음과 같이 3단계 프로세스로 요약할 수 있다.

[1단계] 메시지를 결정하라!

첫째, 메시지를 결정해야 한다. 메시지 없이 그래픽과 이미지 위주로 슬라이드를 그리기 시작하는 것은 어떤 요리를 할지도 정하지 않은 채 가스레인지를 켜는 것과 마찬가지다.

컨설턴트들은 메시지를 구성할 때 가용 가능한 데이터와 사실을 중심으로 메시지를 결정한다. 왜냐하면, 데이터와 사실로 백업이 되지 않는 메시지는 허망한 주장에 불과한 것이며 논박의 먹잇감이 되기 쉽기 때문이다. 따라서 메시지를 결정하고 표현 방식을 고민하라고 이야기하지만, 실제로는 2개의 사고 흐름이 동시에 일어나야 하는 것이다.

다시 말하면, '데이터와 사실로 표현 가능한 한도 내에서 메시지를 결정하라'가 더 적합한 이야기일 것이다. 이는 보고서 슬라이드가 소설, 에세이나 시와 같은 문학 작품과 다른 이유이다. 문학 작품은 눈으로 보기 힘든 감성의 영역을 표현하는 것이라면 슬라이드는 최대한 이해하기 쉽게 시각화되어야 하기 때문이다.

여기서 진정한 멀티태스킹(multitasking; 다중작업)의 역량이 필요하다. 한쪽 렌즈로는 사람들이 쉽게 이해할 수 있는 표현 방식을 고민하면서, 반대쪽 렌즈로는 주장하고자 하는 메시지를 정리해야 하기 때문이다.

[2단계] 표현 방식을 고민하라!

2단계에서는 표현 방식을 고민해야 한다. 메시지를 최대한 효과적으로 구현할 수 있는 표현 방식이 존재할 것이다. 특히 계량적 지표를 표현하는 방식에는 비중, 항목 비교, 시간적 추이, 도수분포, 상관관계 등 5가지가 존재한다.

우선, 비중을 표현하는 방식이다. 예를 들면 다음과 같다.

1. 시장 점유율 중 A사가 가장 높은 비중을 차지한다.
2. 회사 내 이익 기여도를 보면 세탁기와 냉장고가 전체의

50% 이상을 차지한다.

3. 비용 구조 중 인건비가 전체의 70%를 차지하는 사람 중심의 사업 구조이다.

둘째, 항목을 비교하는 방식으로서 데이터 간 크기, 순서, 편차 등을 표현하는 것이다. 예를 들면 다음과 같다.

1. 1인당 GDP를 보면 한국은 중국보다 크고 일본보다 작다.
2. 당사의 영업 이익률은 국내 동종 업계 내 3위를 차지했다.
3. 지역별 세탁기와 냉장고 판매량을 보면, 서울/경기 지역이 편차가 가장 심하다.

셋째, 시간적 추이를 표현하는 방식이다. 데이터가 시간의 흐름에 따라 어떻게 변화하는지를 보여주는 것이 핵심이다. 추세가 증가하는지, 감소하는지, 변동폭이 큰지 등이 주된 메시지로 등장할 것이다. 예를 들면 다음과 같다.

1. 매출액은 2007년 이후 약 10% 성장하였다.
2. 지난 5년 동안 투자수익률은 꾸준히 상승하였으나, 내년에는 급감할 것으로 전망된다.
3. 지난 3년간 환율은 유지되었다.

넷째, 데이터가 얼마나 흩어져 있는지를 표현하는 도수분포이다. 예를 들면 다음과 같다.

1. 우리나라 전체 근로소득자 중 약 40%는 연간 2천만~3천만 원 범위에 있다.
2. 토익 성적표는 시험 응시일 후 대부분 2주 이내 발송된다.
3. 우리 회사 직원의 연령 분포는 경쟁사의 연령 분포와 유사하다.

다섯째, 상관관계를 표현하는 것의 핵심은 2개의 데이터 사이의 패턴을 표현하는 것이다. 2개 데이터가 정비례 관계인지, 반비례 관계인지 혹은 크게 상관이 없는지 등이 주요 관심사다. 혹은 주요 패턴 중 일부 데이터가 아웃라이어이기 때문에 주목해야 한다라는 식으로 표현할 수도 있을 것이다. 예를 들면 다음과 같다.

1. 교통 체증이 심할수록 대기오염이 악화된다.
2. 판매사원의 연차가 3년이 지나면 판매사원의 경험 연수와 판매실적은 무관하다.
3. 1인당 GDP가 증가할수록 국민의 행복도가 올라가는 정비례 관계가 존재하지만, 부탄과 같은 국가는 예외이다.

표현 방식을 고민하면서 또 한 번의 멀티태스킹이 요구된다. 비중, 항목 비교, 도수분포 등 표현 방식을 고민하는 순간, 어떠한 그래프로 표현할지, 어떠한 그래픽과 도형을 이용할지 등을 고민해야 하기 때문이다.

사람은 결국 세상을 바라보는 프레임에 따라 사고를 진행하는 것에 익숙하기 때문에 표현 방식이 결정되는 순간 이를 가장 효과적으로 구현할 수 있는 차트 형태 역시 자연스럽게 생각나기 마련이다. 왜냐하면 슬라이드를 자주 그리면 그릴수록 주요 차트 형태가 마치 자주 가는 식당의 메뉴판처럼 머릿속에 본능적으로 떠오르기 때문이다.

[3단계] 차트 형태를 선택하라!

마지막으로 차트 형태를 선택하는 단계이다. 우선, 계량적 지표를 효과적으로 표현하는 그래프의 종류에 대해서 알아보자. 컨설팅 회사에서 자주 사용하는 7대 그래프를 소개하겠다.

7대 그래프 소개

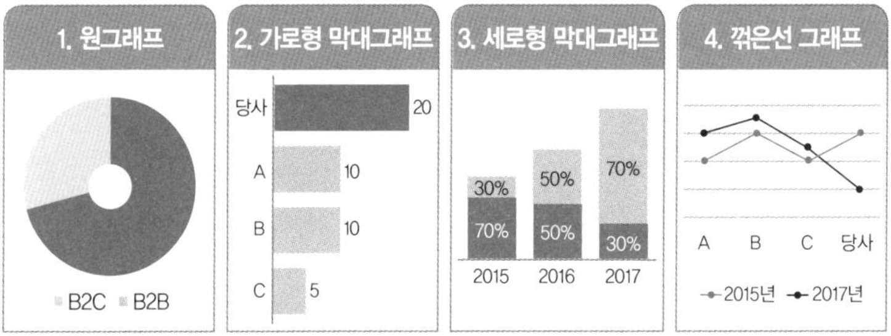

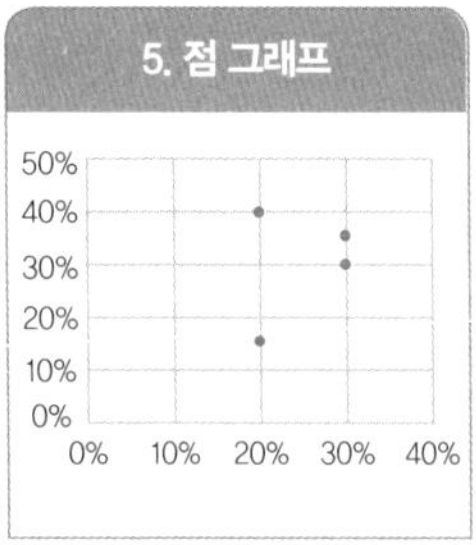

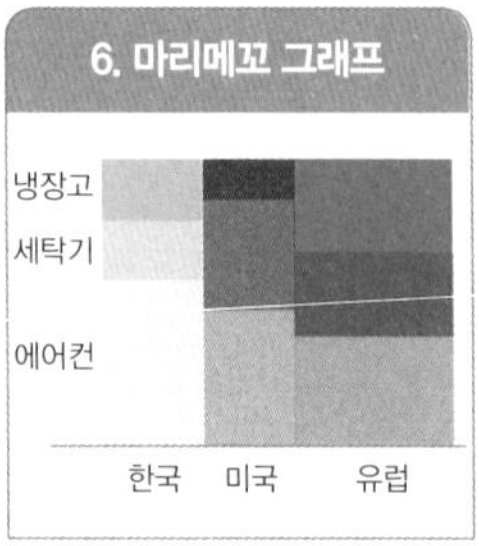

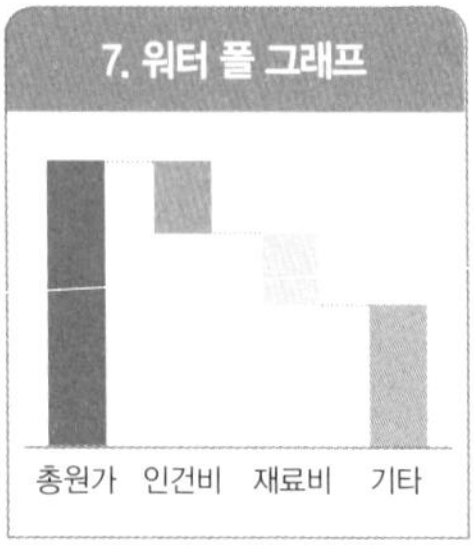

첫째, 원그래프는 일반적으로 많이 사용된다. 엑셀로 데이터를 분석하고 엑셀 프로그램에서 그래프를 그리려다 보면, 원그래프가 자주 선택되는 옵션 중 하나임이 틀림없다.

하지만 실제 컨설턴트들은 원그래프를 선호하지 않는다. 필자가 근무했던 보스턴컨설팅그룹에서는 원그래프 사용을 철저히 지양했다. 이는 같은 메시지를 전달함에 있어 막대그래프 대비 원그래프가 슬라이드 공간 활용 관점에서 비실용적이기 때문이다.

둘째, 가로형 막대그래프는 그 활용도 대비 가장 과소평가된 그래프이다. 데이터의 항목을 표현함에 있어 가로형 막대그래프는 자주 사용되는데, 슬라이드 왼쪽에 가로형 막대그래프를, 그리고 오른쪽에 항목별 부가 설명을 효과적으로 기록할 수 있기 때문이다.

셋째, 세로형 막대그래프는 중요성과 활용도 관점에서 가장 인기 있는 녀석이다. 개인적으로 필자는 세로형 막대그래프를 전체의 40% 이상 활용할 정도이다. 세로형 막대그래프는 그 활용도 관점에서 꺾은선 그래프를 포함하게 되고 디자인 관점에서 가장 안정적인 느낌을 제시하기 때문이다.

더 나아가 사람들의 시선이 슬라이드 좌측에서 우측으로 이동한다는 점에서 데이터의 추세를 보여주거나 2개 이상의 데이터 간 상호 비교를 하는 등 여러 상황에서 가장 손쉽게 메시지를 전달할 수 있는 '든든한 친구'이다.

보스턴컨설팅그룹에서 진행했던 인수실사(Due Diligence, DD) 프로젝트에서 경쟁 컨설팅 회사가 초기 진단했던 프로젝트 결과물을 볼 기회가 있었다.

경쟁사는 당돌하게도 고객사의 회장님께서 하루 일과를 어떻게 보내야 하는지 권고하는 슬라이드를 보고서의 첫 장으로 시작했다. 논리의 근저는 그룹사 중 현재 인수합병에 관련된 물류자회사의 당기순이익이 그룹 전체 당기순이익의 20%를 차지하기 때문에 회장님께서 하루 일과 8시간 중 1시간 40분을 물류자회사를 위해 신경 써야 한다는 것이었다.

본 슬라이드를 보고 회장님은 뜨끔했을 것이다. 왜냐하면 당시 그룹 성장 동력이었던 건설과 보험사 관련 이슈에 하루 일과의 대부분을 쏟고 있었기 때문이다.

후담으로 들은 것인데, 본 슬라이드는 사실 회장님의 관심과 사랑을 받고 싶었던 물류 자회사 전략 이사의 아이디어였다고 한다. 때로는 단순한 세로형 막대그래프가 엄청난 임팩트를 갖는 슬라이드로 탄생한다.

넷째, 꺾은선 그래프는 목적에 부합하게 사용할 때 효과적으로 메시지를 전달해 준다. 시간적 추이를 표현할 때, 특히 여러 개체 간 추이를 표현함에 있어 꺾은선 그래프를 대체할 그래프는 없다.

다섯째, 점 그래프는 2개 데이터 간 상관관계를 표현함에 있어 최적화된 그래프이다. 점 그래프는 보통 추세선을 동반하여 표현하는데, 상관관계의 방향성을 확인함은 물론 아웃라이어를 파악하는 데 가장 효과적이다.

여섯째, 라자냐 차트로도 불리는 마리메꼬 그래프이다. 마리메꼬 그래프는 일상적으로 잘 쓰이지 않으나, 컨설팅 회사에서는 요긴하게 활용하는 그래프이다.

특히, 2개의 데이터로 구성된 시장 현황을 사진 촬영하듯 보여주기에는 최적이다. 예를 들어, 지역과 제품군으로 구성된 전 세계 시장 현황을, 시점을 정해놓고 파악해 보려고 한다면 마리메꼬 그래프를 사용하기 마련이다. 컨설팅 업계에서는 '시장 한 판을 그려보자'라는 파트너의 지시가 있으면 어김없이 꺼내 쓰는 카드가 바로 이 마리메꼬 그래프이다.

마지막으로 워터 폴 그래프이다. 말 그대로 폭포가 떨어지듯이 그래프의 작은 박스들이 하나씩 분리되어 하강하는 형식이다. 원가구조 등 큰 덩어리를 구성하는 요소를 하나하나 차근차근 보여주기에 적합하다.

심리 속의 심리상자 3

중요한 것은 F다

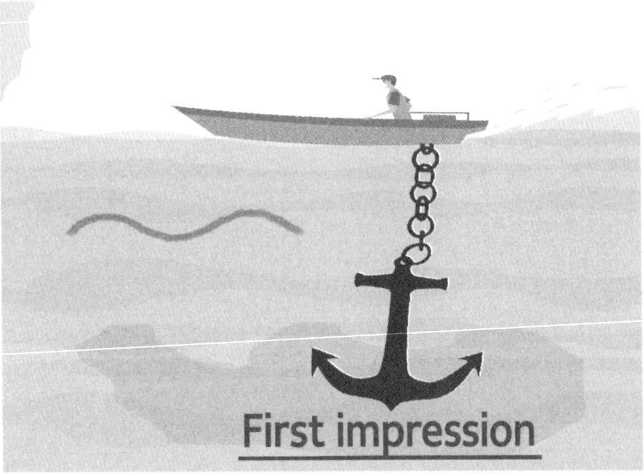

한 실험에서 어린 학생들에게 곱셈식을 보여주고 5초 안에 그 값을 추정해 보라고 했다. 한 반에서는 이렇게 물어보았다.

1 × 2 × 3 × 4 × 5 × 6 × 7 × 8 = ?

다른 반에서는 숫자의 배열을 반대로 물어보았다.

8 × 7 × 6 × 5 × 4 × 3 × 2 × 1 = ?

두 곱셈식의 값은 같다. 그러나 두 반에서 나온 추정치는 달랐다. 숫자가 큰 순으로 배열한 곱셈식을 본 아이들이 더 크게 추정한 것이다. 처음 본 숫자가 컸으므로 그 값을 크게 추측한 것이다.

미국 심리학자 대니얼 카너먼(Daniel Kahneman)의 실험으로 증명된 이 효과는 사람이나 사건을 판단할 때 첫인상이나 최초 정보에 의해 큰 영향을 받는 것을 말한다. 닻을 내린 곳에 배가 정박하듯이 처음 내보인 것이 앞으로의 행방을 결정하게 되는 것이다.

가격을 흥정할 때 예상치보다 높게 가격을 부르는 것도 이 때문이다. 처음 부르는 가격을 기준으로 앞으로의 흥정이 흘러가기 때문이다. 처음부터 높게 부르다가 값을 깎는다면 손님은 낮은 가격에 물건을 구입한 것으로 착각하게 된다.

또한 이러한 닻 내림 효과(Anchoring Effect)는 첫인상의 효과(First-impression Effect)라고도 하며 생활 속에서도 많이 경험하게 된다. 사람의 호감 여부는 처음 대면한 후 3초 이내에 결정된다고 한다. 아마 우리도 미팅에 나가서 그런 경험을 해 보았을 수도 있다.

직장인의 경우에도 첫 직장이 중요하다. 첫 직장에 따라 커리어 방향이 결정되는 경우가 많다. 자신의 경력을 벗어난 새로운 경로를 찾기가 어렵기 때문이다. 또한 작가의 경우에도 첫 작품이 중요하다. 데뷔작으로 작가의 세계관을 파악하기 때문이다. 작곡가로 치면 음악의 도입부에 심혈을 기울이는 것이다. 결국 'First'의 중요성은 모든 분야에 적용된다.

앞서 살펴본 컨설턴트 슬라이드 작성법에서도 이 법칙은 통용된다. 슬라이드의 가장 첫머리, 가장 처음 보여주게 될 장의 분량은 10% 내외지만 그 비중은 90% 이상이라고 해도 과언은 아니다.

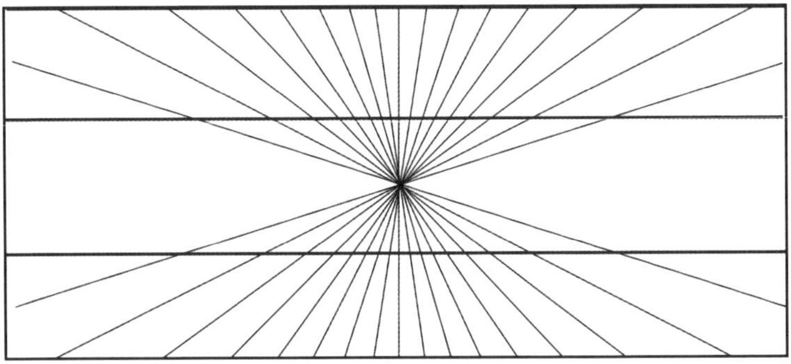

[심리 속의 착시 3]

휘어져 보이나요? 실제로는 직선입니다.
→ 같은 상황도 비교 방식에 따라 다르게 인식될 수 있습니다.

PART 4

XXL XL L M S MINI의 도발적 광고 의미는?

컨설턴트처럼 프레젠테이션하기

CHAPTER 16

프레젠테이션 설득의 심리학

청중의 마음을 읽는 방법

비즈니스 현장에 있는 사람들은 매달 평균 약 62번의 회의나 프레젠테이션에 참석한다.[40] 이것을 근무일 기준으로 환산해 보면 하루 평균 3회 이상이다.

이렇게 빈번한 프레젠테이션에서 사람들은 어떤 생각을 할까? 무엇이 중요하고 중요하지 않은지 어떻게 결정할까? 어떤 상황이 되면 프레젠테이션에 대한 관심을 아예 꺼버릴까?

이런 질문에 대한 답을 알고 프레젠테이션을 준비한다면 매우 좋은 결과를 얻을 수 있을 것이다.

1950년대 이래로 심리학자들은 우리 대부분이 그저 단순히 '생각하기'라고 부르는 '정보 처리 과정'에 대해 다양한 연구를 해

왔다. 이들은 사람들이 정보를 어떻게 받아들이고 다루는가에 관심을 가져왔다. 이와 같은 '생각하기'에 대한 모든 연구는 인지과학(인지 과정의 메커니즘을 연구하는 분야. 인지과학은 어떤 상황이 주어졌을 때 발생하는 생각과 그것을 처리하는 과정에 대한 연구를 포함한다)이라는 이름으로 알려져 있다.

스캐닝, 장기 기억과 단기 기억

아마 인간 두뇌의 가장 뛰어난 능력 중 하나가 '스캐닝(scanning)'일 것이다. 과학자들은 우리의 뇌가 1초에 350메가바이트(MB)의 정보를 스캐닝할 수 있다고 추정한다. 지구상에서 가장 빠른 스캐너의 처리 용량도 이에 미치지 못한다.

사람들로 북적거리는 파티장 안에 들어서면서 우리는 거기 있는 사람들의 얼굴을 파악하고, 배경음악과 사람들의 잡담 소리를 듣고, 따뜻한지 추운지를 감지하고, 실내가 밝은지 어두운지를 측정하고, 음식과 향수의 냄새를 맡고, 파티장의 대략적인 크기와 실내 장식을 파악하고, 누구와 제일 먼저 이야기를 나눌 것인지 결정한다. 이 모든 것이 1초도 안 되는 짧은 시간에 이뤄진다.

이것이 바로 슬라이드 혹은 시각적 보조 자료가 비즈니스 프레젠테이션의 기초가 되어야 하는 이유이다. 사람들은 음성 정보보다 시각 정보를 더 빠르게 파악한다. 청중은 시각적으로 항상 당신을 앞서 간다. 슬라이드 내용을 언급하거나 설명을 시작하기도 전에 벌써 청중은 우선 보이는 메시지를 읽고, 해석하고, 사전 판단을 한다.

하지만 이러한 스캐닝된 내용이 모두 우리의 장기 기억 속에 저장되는 것은 아니다. 프레젠테이션에 참석하고 나서 얼마나 많은 내용을 기억할 수 있는가? 10쪽에 어떤 그래프가 그려져 있었나를 기억하기란 여간 어려운 것이 아니다.

따라서 스캐닝된 정보가 장기 기억의 메모리로 들어가게 하기 위해서는 단기 기억이라는 장치를 잘 활용해야 한다. 단기 기억은 스캐닝 기능과 장기 기억 사이에 존재하는 일종의 '관문'이다. 단기 기억은 무엇을 수용하고, 무엇을 거부할지 결정하는 필터링 임무를 수행한다.

1956년, 인지과학의 개척자인 프린스턴 대학의 조지 A. 밀러(George A. Miller) 교수는 "일반적으로 사람들은 어떤 경우든 한 번에 단지 7개 이하의 정보 그룹을 단기 기억에 저장하고 처리할 수 있다"라고 발표했다. 밀러 교수의 주장을 따르는 학자들은 사람들이 정보를 '그룹으로 묶는' 능력을 갖추고 있다고 믿는다. 즉, 외부에서 정보가 입력되는 바로 그 순간부터 그것들을 분류하고 묶어서 하나의 사실 혹은 그룹으로 저장한다는 말이다.

이와 같이, 기억 대상이 되는 자극이나 정보를 서로 의미 있게 연결시키거나 묶는 인지 과정을 청킹(chunking)이라고 한다. 청킹은 결과적으로 단기 기억의 용량을 확대하는 효과가 있다.

청중의 마음을 움직이는 방법

단 한 번의 비즈니스 프레젠테이션으로 청중의 마음을 바꿀 수 있을까?

정답은 "그렇게 할 수 없다"이다.

우리가 할 수 있는 것은 사람들이 어떤 주제에 대해 생각하는 방법에 영향을 주는 것뿐이다. 그런 영향이 청중을 움직이고, 청중의 마음속에서 어떤 변화의 과정이 시작되도록 만든다.

1967년, 레인골드 브루어리(Rheingold Brewery) 사는 칼로리가 적은 최초의 '라이트 맥주'를 출시했다. 바로 개블링거(Gablinger) 다이어트 비어('다이어트'라는 단어에 주목하자)였다. 이 제품은 참담한 실패를 겪는다.

당시 대부분의 맥주 애호가들은 맥주를 즐거움을 주는 제품

또는 기호품으로 생각했다. 따라서 맥주를 마실 때 그 안에 얼마나 많은 칼로리가 들어 있는지 생각하고 싶지 않았다. 5년 뒤 밀러라이트가 출시되었다. 밀러의 광고 문구는 어떻게 달랐을까?

"덜 배부른 저칼로리 맥주, 그래서 더 마실 수 있습니다."

개블링거의 메시지는 맥주 애호가들이 생각하는 맥주의 개념과 맞지 않았다. 반면 밀러의 메시지는 받아들일 가치가 있었다.

밀러가 맥주에 함유된 칼로리에 대한 사람들의 생각을 바꾸었는가? 아니다.

그렇다면 맥주가 어떻게 달라질 수 있는가에 대해 사람들이 다르게 생각하도록 영향을 주었는가? 바로 그렇다.

그런 영향력은 수십억 달러의 수입을 가져다주는 사업이 되었다.

사람들의 생각에 영향을 주기 위해서는 때로는 공격적이거나 도도해질 필요가 있다.

광고들의 흔한 시나리오

한국인 최초로 하버드 경영대학원의 종신교수로 임명된 문영미 교수가 그녀의 저서 〈디퍼런트〉에서 소개한 한 사례를 살펴보자.

2002년 대형 자동차 기업에서 브랜드 매니저로 근무하고 있던 한 마케터의 사례이다.[41] 그는 미국 시장에서 새로운 자동차 모델 출시를 앞두고 있다. 하지만 문제가 몇 가지 있다. 무엇보다 낮은 브랜드 인지도이다. 그가 맡고 있는 브랜드는 유럽에서는 이미 꽤 유명하지만, 불행하게도 미국 시장에서는 그렇지 않다. 조사 자료에 따르면 이 브랜드를 알고 있는 미국인들은 2%에도 채 미치지 못한다고 한다. 더욱 큰 문제는 자동차의 크기가 지나치게 작다. 아마도 미국에서 가장 작은 차로 기록될 것이다.

2002년 미국 운전자들은 큰 차들과 사랑에 빠져 있다. 대부분의 사람들이 기름을 게걸스럽게 먹어 치우는 SUV 모델을 선호하고 있다. 그들 눈에 여러분이 지금 출시하고자 하는 자동차는 마치 성냥갑처럼 보일 것이다. 이제 이 브랜드 매니저는 무슨 일을 할 수 있을지 고민하기 시작했다.

첫째, 미국 소비자들이 고정관념을 버리도록 하는 것이다. 광고 캠페인을 통해 작은 차가 불편하다고 하는 선입견을 없애 버리는 것이다. 실제로 자동차에 탑승했을 때 사람들은 대부분 실내공간이 보기보다 넓으며 트렁크에도 의외로 많은 짐을 실을 수 있다는 사실에 놀란다.

둘째, 차량의 크기를 광고에서 완전히 제거하는 것이다. 크기만 제외하면 우리 자동차도 장점이 많다. 우선 핸들링이 좋고, 가격도 합리적이며, 유럽풍 스타일의 디자인이 매력적이다.

이 두 가지 방안을 놓고 브랜드 매니저는 고민에 빠지기 시작했다. 하지만 결국 이것만으로는 부족하다는 생각이 든다. 두 가지 전략 모두 진부하다. 지금까지 수십 년 동안 그는 이 두 가지 방식을 사용해 왔다. 적어도 이번만큼은 획기적인 전략을 시도해 보고 싶은 것이다.

미니 쿠퍼, 뻔뻔하고 도도한 마케팅

2002년 미국인들은 예전에는 볼 수 없었던 완전히 새로운 자동차를 만나게 된다. 그 자동차는 다름 아닌 미니 쿠퍼(MINI Cooper)였다. 미니 쿠퍼는 도도한 마케팅 전략을 기반으로 미국인들의 감성을 자극했다.

미니 쿠퍼의 마케팅 전략에서 가장 놀라운 것은 자동차의 크기에 대한 메시지였다. 미니 쿠퍼는 처음부터 작은 사이즈를 노골적으로 강조했던 것이다.

미니 쿠퍼의 옥외 광고판은 매우 획기적이었으며 도전적이었다. 거대한 광고판 속에는 다음과 같은 문구만 들어 있었다.

XXL XL L M S MINI

그 메시지는 너무나 도발적이었다. 마치 이렇게 말하는 것 같았다. "크기가 문제라고요? 직접 확인해 보세요. 여러분이 생각하는 것보다 훨씬 더 작답니다." 이보다 더 뻔뻔스러운 메시지가 있을까?

그리고 며칠 뒤, 또다시 다른 광고판이 등장하였다. 거기에는 미니 쿠퍼 한 대가 커다란 SUV 지붕 위에 올라가 있었다. 이번에는 이렇게 말하고 있었다. "SUV에 비해 꼬마 같다고요? 직접 확인해 보세요!"

이 광고는 거대한 흐름을 거스르고 있는 것처럼 보인다. 결국 마케팅이란 자신의 제품에 대해 긍정적인 측면을 강조하는 것이 아니었던가? 소비자들이 제품에 대해 부정적인 인식을 가지고 있을 때, 이를 긍정적인 방향으로 바꾸는 것이 마케터들의 역할이 아니었던가? 하지만 미니 쿠퍼는 이러한 흐름을 완전히 무시하고 있었다. 이러한 점에서 미니 쿠퍼는 전형적인 적대 브랜드라고 할 수 있다.

이러한 전략은 아주 신선한 느낌으로 소비자들에게 다가갈 수 있다. 물론 누구나 한눈에 반할 만한 제품이라면 그렇게 하지 않고서도 소비자들에게 강한 인상을 남길 수 있을 것이다.

하지만 대부분 그러한 행운을 누리지 못하기 때문에 적대 브랜드는 소비자들의 약을 올리는 방법을 택하는 것이다. 단점을 감추려고 하기보다 오히려 이를 더욱 적극적으로 드러냄으로써 소비자들의 호기심을 유발한다. 뭔가 이상하다고 느낄 때 사람들은 더 많은 관심을 가진다는 진리를 적대 브랜드들은 잘 이해하고 있다.

최근에 미니 쿠퍼는 다음과 같은 이색 홍보 이벤트를 진행했다. 해석은 독자에게 맡기도록 하겠다.

[미니 쿠퍼 홍보]

컨설턴트들이 활용하는 설득의 심리학

〈설득의 심리학〉*에서 로버트 치알디니(Robert B. Cialdini)는 여섯 가지의 재미있는 인간의 심리를 파악했다.[42] 이제부터는 이러한 설득의 심리학을 컨설턴트들이 어떻게 활용하는지 사례를 들어 살펴보도록 하겠다.

첫 번째는 도움 받은 사람에게 부탁을 받으면 결코 거절할 수 없다는 상호성의 법칙이다. 설득의 전문가들은 바로 이 점을 이용하여 먼저 무엇인가를 준다고 한다. 그러면 상대방은 '나도 뭔가를 줘야 하나?'라고 생각하며 빚진 마음을 갖게 된다는 것이다.

컨설턴트는 상호성의 법칙을 세련되게 활용한다. 컨설팅을 하다 보면 고객사 내부에 컨설팅 의견에 찬성하는 아군과 반대하는 적군이 생기는 경우가 다반사다. 이렇게 의견이 첨예하게 엇갈리는 이슈일수록 외부의 객관적 의견과 도움이 필요한 것이지 않겠는가.

적군의 마음을 돌리는 방법에는 여러 가지가 있지만, 그중 효과적인 것이 공개 석상에서 적군을 칭찬하는 것이다. 특히, 최종

* 원서는 Influence: science and practice 이다.

보고 자리에서 적군의 과거 업적과 성과를 칭찬하게 되면 적군 역시 사람인지라 승천하는 광대를 관리하느라 어쩔 줄 모른다.

잠시 후 찬반 의견으로 나뉘었던, 그 중에서 적군이 반대했던 부분을 발표해 보자. 과거와는 달리 적군의 입장이 다소 누그러지거나 혹은 찬성의 입장으로 돌아설 가능성이 높다. 이는 적군이 이미 빚진 마음이 있기 때문에 마음의 문을 열고 호의적인 자세를 갖기 때문이다.

이는 심리학에서 이야기하는 피그말리온 효과(Pygmalion Effect)와도 관련이 있다. 세상 모든 사람은 칭찬을 듣고 싶어 하기 때문에 칭찬은 사람의 마음을 움직이고 격려, 변화시키는 것임에 틀림없다. 칭찬받은 사람들은 자신을 칭찬하는 사람에 대하여 강한 호감, 친밀감을 느끼게 되기 때문이다.

두 번째는 늘 일관된 행동을 하려는 일관성의 법칙이다. 예를 들어, 자선 모금하는 사람들은 전화를 걸어 "사모님, 오늘 기분 어떠세요?"라고 물으면 대부분 긍정적인 대답을 한다고 한다. 그 다음에 좋은 일을 위해 기부하라고 하면 갑자기 심술궂은 사람으로 돌변할 수 없어 거절하기 쉽지 않다는 것이다.

일관성의 법칙 역시 컨설턴트들이 자주 사용하는 설득의 기법 중 하나이다. 예를 들어, 새로운 시장에 큰 투자를 단행해야 하는 프로젝트의 결과물을 발표하는 자리라고 생각해 보자.

의사결정권을 들고 있는 회사의 대표에게 과거 투자의 성공 사례와 관련된 이야기로 가볍게 대화를 시작해 보는 것은 좋은 전략일 것이다. “대표님, 5년 전 베트남에 공장 설비를 투자했던 것이 당시에는 굉장히 모험적인 투자로 평가받는데, 현재 평가는 어떠한가요?”

베트남 투자가 대박을 터뜨렸다는 사실은 이미 널리 알려진 사실이지만 호기심을 자극하기 위해 소위 ‘밑밥’을 던지는 것이다. 대표가 입을 열기 시작했다.

“당시 베트남 정부로부터 인가를 받기 정말 어려웠지요. 이사회 설득도 만만치 않았습니다. 하지만 미래에 대한 비전을 믿고 모두가 따라줬지요. 당시 전략담당 부사장이었던 제가 지금 현재 대표를 맡게 된 결정적인 사건이기도 합니다. 아직도 기억이 생생하네요.”

과거 투자의 성공 사례로 기분 좋게 대화를 시작한 후 그와 매우 유사한 새로운 투자 건을 언급할 경우, 일관성을 깨고 반대하기란 쉽지 않을 것이다. 여기서 관건은 두 가지 투자 건 사이에 얼마나 유사성이 높은지를 객관적으로 제시하는 것이다.

세 번째는 유행하는 것이 있으면 그것이 옳은 것이라고 여기는 사회적 증거의 법칙이다. 흔히 판매 1위라는 말이 잘 통하는 이유가 바로 여기에 있다. 컨설턴트들은 흔히 업계 1위 업체들의 Best Practice를 통해 본인의 주장을 강화하는 경우가 많다. 선도 업체들이 해온 방식을 맹목적으로 똑같이 따라 하는 것은 위험의 소지가 있으나, 한 번쯤은 진지하게 고려해 볼 만한 가치가 있다는 점은 부정할 수 없다.

네 번째는 호감을 주는 외모를 가진 사람의 의견이 더 좋고 옳은 의견이라고 믿는 호감의 법칙이다. 어떤 사람에게서 발견되는 특정 호감은 다른 면에서도 잘할 것 같은 생각을 주는 심리적 현상인 후광 효과(Halo Effect)와도 같은 의미이다. 컨설턴트들은 매일 반복되는 야근에도 본인 관리에 굉장히 철두철미하다.

보스턴컨설팅그룹의 파트너 중 배가 나온 사람은 찾아보기 힘들다. 야근과 회식이 반복되는 매우 분주한 일정임에 틀림없지만 그들은 항상 꾸준히 운동하는 습관이 몸에 배 있다. 꾸준한 건강 관리는 정장을 입었을 때 신뢰감을 주는 핏을 형성해 준다. 소위 '슈트 빨'이 나오는 것이다.

같은 메시지라 할지라도 신뢰감을 주는 복장과 외모를 갖춘 컨설턴트가 던지는 경우 그 신뢰도는 엄청난 기울기로 확대되기 때문이다.

다섯 번째는 권위가 있는 사람의 말을 더 신뢰하게 된다는 권위의 법칙도 무시할 수 없는 법칙이다. 컨설턴트들은 여러 가지 방법으로 권위를 활용한다. 데이터나 정보와 관련해서는 정부 보고서나 골드만 삭스와 같은 공신력 있는 기관의 내용을 활용했다는 사실을 언급하는 것이 첫째 방법이다.

둘째 방법으로 경영학계의 권위자인 마이클 포터, 피터 드러커, 스티브 잡스, 제프 베조스 등의 명언이나 일화를 프레젠테이션 중간중간 언급하는 것은 설득력을 긍정적인 방향으로 강화시킨다.

마지막으로 최종 보고 시에 해당 업계에서 가장 실력이 높은 해외 오피스 파트너를 초대하는 방법이다. 예를 들어, 국내 IT 업체와 프로젝트를 하게 된다면 샌프란시스코 오피스에서 실리콘밸리의 다수의 IT 업체와 오랜 프로젝트를 진행한 파트너를 초대하여 보고 자리에 배석하게 하는 것이다.

여섯 번째는 희귀하면 희귀할수록 가치는 올라간다는 희귀성의 법칙도 있다. 한정 판매가 더 잘 팔리는 이유다. 보스턴컨설팅그룹에서는 프로젝트 주제에 맞춰 팀 구성을 할 때 전문적이면서도 고유한 팀을 만들기 위해 노력한다.

과거 생명보험사와 프로젝트를 할 때 마침 서울대 의대를 졸업하고 서울대 병원에서 전문의로 근무하다가 미국에서 MBA를 마치고 보스턴컨설팅그룹 서울 오피스에 입사한 신입 컨설턴트가 있었다. 사실 생명보험 업계에서 보험상품설계나 손해사정 등에 있어 의학 지식은 절대적으로 중요하지만 쉽게 접근하기 어려운 영역이다.

서울대 병원 의사 출신이 포함된 BCG 프로젝트팀은 프로젝트를 쉽게 수주한 것은 물론 기존 프로젝트와는 다른 획기적인 결과물을 도출해 냈다. 최종 발표 시에도 해당 컨설턴트는 고객사 대표 앞에서 절대 기죽지 않고 당당하게 의견을 제시하기도 했다. 앞서 언급한 권위의 법칙이 적용되는 순간이기도 한 것이다. 팀 구성이 희귀할수록 팀의 최종 결과물의 가치 역시 올라간다는 희귀성의 법칙이 입증된 셈이다.

치알디니는 이런 법칙들이 사람들로부터 맹목적이고 자동화된 승낙을 이끌어내는 능력이 있다고 지적하며, 이를 잘 이해하고 있어야 응용은 물론 피해도 막을 수 있다고 말하고 있다.

설득이 지닌 한계

하지만 복잡다단한 비즈니스 현장에서 치알디니의 설득의 심리학이 항상 성공적으로 작동하는 것은 아니다. 이는 두 가지 이유로 설명할 수 있다.

첫째, 비즈니스 현장은 다수의 이해관계자가 얽혀 있어 서로 다른 심리 메커니즘을 안고 있기 때문에 만병통치약이 있을 수 없다는 점이다.

둘째, 일부는 치알디니의 설득의 심리학에 대해서 어느 정도 익숙해져 면역력이 생긴 것이다.

전 세계 모든 국가에서 영원히 풀리지 않는 사회적 이슈인 흡연과 비만을 예로 들어 살펴보자. 흡연은 건강에 해롭다는 사실을 기억해야 한다는 것은 '논리'이다. 그러나 금연 광고에 쏟아부은 수십억 달러의 광고비, 학교에서 이뤄지는 다양한 금연 교육 프로그램, 담배 포장지의 섬뜩한 경고문 그리고 흡연에 대한 비흡연자들의 적대감 등도 여전히 흡연자를 설득하는 데 실패하고 있다.

우리 사회에서 공공의 적이 돼버린 '비만 문제' 역시 마찬가지이다. 미국 성인 남녀와 어린이의 체중이 지난 20년 동안 꾸준히 증가했다는 사실을 보면 국가의 비만 정책은 실패했다.

감성을 활용한 강력한 사례 만들기

그렇다면 설득의 심리학 외에 어떠한 방법을 활용할 수 있을까?

사람들은 ‘멋져 보여서’ 담배를 피우기 시작한다. 그런데 ‘멋져 보이는 것’이 무엇인지 명확한 정의를 내릴 수 있을까? 아마도 아닐 것이다.

정의할 수 없다는 것이 문제가 될까? 전혀 아니다. 흡연은 “멋진 일이 아니다”라는 점을 이해시킬 수 있다면, 흡연으로 인한 질병의 통계나 수명 단축 같은 차트를 보여주는 것보다 그들을 설득할 가능성이 더 높아질 것이다.

어떤 사람은 먹는 것 자체를 즐기기 때문에 과식한다. 어떤 사람은 외롭거나 허전함을 느껴서 과식한다. 과체중이 외로움을 증가시키고 즐거움을 감소시킨다는 사실을 설명하면 과식하는 사람의 허리 치수에 더 큰 변화를 줄 수 있을 것이다.

일부 프레젠터는 청중의 생각하는 방식에 영향을 주기 위해 감성을 이용하는 것을 불편해한다. 자신이 객관적이며 냉철한 합리주의자라는 사실에 자부심을 느끼기 때문이다. 그러나 감성은 모든 기업의 구석구석에 실제로 존재하고 있다.

경쟁(위협), 전략(희망), 통제(두려움), 이익(생존), 손실(멸망) 등

문제는 “대부분의 기업이 좋아하는 (혹은 요구하는) 방식, 즉 객관성을 잃지 않으면서 어떻게 프레젠테이션에 충분한 감성을 집어넣을 수 있는가?”하는 것이다.

공명, 신비한 설득가

강력한 프레젠테이션을 하려면 청중과 공명(resonance, 共鳴)* 해야 한다. 경쟁 후보에 대해 생각할 필요가 없을 정도로 당신을 사로잡았던 정치가나 강의 시간 내내 학생들과 교감하며 오랜 울림을 주는 스타 교수님이 좋은 예일 것이다. 실제 공명의 감정은 첫사랑의 감정과 유사하다.

드라마 〈도깨비〉에는 다음과 같은 시가 소개되었다.

사랑의 물리학

_김인육

질량의 크기는 부피와 비례하지 않는다

제비꽃같이 조그마한 그 계집애가
꽃잎같이 하늘거리는 그 계집애가
지구보다 더 큰 질량으로 나를 끌어당긴다.
순간, 나는

* 진동하는 계의 진폭이 급격하게 늘어나는 현상, 연대 혹은 강한 감정을 불러일으키는 반향, 울림, 여운이다.

뉴턴의 사과처럼
사정없이 그녀에게로 굴러 떨어졌다
쿵 소리를 내며, 쿵쿵 소리를 내며

심장이
하늘에서 땅까지
아찔한 진자운동을 계속하였다
첫사랑이었다.

첫사랑의 감정을 만유인력의 법칙에 빗대어 진자운동으로 풀어낸 김인육 시인의 표현은 공명의 감정과 그대로 일치한다.

"대한민국은 민주공화국이다. 대한민국의 주권은 국민에게 있고, 모든 권력은 국민으로부터 나온다"라는 「대한민국 헌법」 제1조의 문구는 매우 완벽해서, 대부분의 사람에게 더 이상의 다른 메시지는 고려할 가치조차 없게 한다.

이런 말과 이미지들은 우리가 그것에 대해 가지고 있는 원칙이나 가치, 혹은 그것이 불러일으키는 감성으로 인해 긍정적이거나 부정적인 방향으로 우리와 공명한다.

마음속으로 그것에 대한 스토리를 구성할 수 있기 때문에 공명을 일으키는 것이다. 이런 스토리들은 우리가 이미 지니고 있던 표상과 일치하게 되고, 다시 그 표상을 강화시킨다.

왜 특정한 말이나 이미지가 그렇게 강력한 영향력을 행사하는지 설명할 수 있을까? 아마 어려울 것이다. 그래서 '공명'은 매우 신비한 존재이고, 만들어내기도 어렵다. 하지만 한 가지는 분명하다. '사실'만으로는 공명을 일으킬 수 없다는 것이다.

9.11 테러로 세계무역센터가 무너졌을 때 총 사망자는 2,749명이었다. 끔찍한 숫자이다. 그러나 이 사건에서 스토리의 근간이 되는 것은 사망자의 숫자가 아니라 구조에 나섰던 용감한 소방관과 유가족의 절망이다. 어떤 통계도 그것을 강력하고 감성적인 영향을 주는 무엇과 연결하지 않으면 공명을 만들어내지 못한다.

스토리의 힘: 효과적인 아이디어 전달법

다른 사람에게 아이디어를 전달할 때 사용할 수 있는 효율적인 구조는 문명이 발달하기 전부터 쓰였던 구조인 '스토리'이다. 스토리로 비즈니스 프레젠테이션을 디자인하고 구성하면 청중은 당신의 아이디어를 이해할 것이고, 당신은 청중이 변화를 고려하도록 설득할 수 있을 것이다.

역사를 돌이켜 보면, 복잡한 아이디어는 책이 아니라 스토리,

우화 그리고 설화를 통해 '보통 사람들'에게 전파되었다. 스토리는 사도,* 순회 행상인, 위대한 탐험가, 그리고 평범한 선원들에 의해서도 전달되었다. 이것이 세대에서 세대로 전해지는 아이디어가 되었다.

스토리는 절대 멈추지 않는다. 주식 시장은 객장에서 미디어로, 그리고 다시 투자자에게 전달되는 스토리에 따라 극적으로 요동친다. 종교는 전도사의 스토리를 통해 퍼진다. 정치가들도 그들이 내놓는 스토리에 따라 권력을 얻기도 하고, 잃기도 한다.

일상 대화 속에서 프레젠테이션 기초 역량 다지기

비즈니스 프레젠테이션을 잘하기 위해서는 일상생활 속의 대화에서부터 부단히 노력하는 것이 필요하다. 말은 그 사람이 어떻게 일생을 살아왔는지를 가장 잘 표현해 주는 거울과도 같다. 낯선 사람과 마주 앉아 3분만 이야기해 봐도 그 사람의 인생관을 대략 파악할 수 있다.

문장의 구조, 이야기의 흐름, 사용하는 단어, 목소리의 톤, 시선 처리, 보디랭귀지, 호흡, 한국어와 영어의 혼합 정도 등을 눈여겨보면 그 사람의 직업이나 배경까지 파악할 수 있을 정도다.

* 복음을 전하기 위해 예수가 특별히 뽑은 열두 제자를 이르는 말이다.

이제 일상 대화 속에서도 쉽게 실천할 수 있는 말하기의 기초 덕목을 알아보자. 시골의사로 잘 알려진 박경철 작가는 그의 저서 〈자기 혁명〉에서 다음과 같이 6가지 말하기 덕목을 꼽았다.

말에는 질서가 있고 설득의 힘이 깃들어야 한다. 어떤 말이든 입 밖에 낼 때는 두 번 생각해야 한다.[43] 누군가 한 마디를 하면 내 머리는 즉각적으로 반응을 하는데, 이는 말은 원래 주고받는 것으로 습관되어 있기 때문이다.

하지만 생각보다 말이 먼저 나가면 반드시 실언하게 된다. 언어의 순발력은 속도가 아니라 효용성이므로, 생각이 언어로 바뀌어 입으로 나가기 전에 다시 한번 걸러주는 과정이 꼭 필요하다.

말에서 중요한 첫 번째 덕목은 호흡인데, 호흡을 고르기 위해서는 대화 도중 말을 하고 싶을 때 딱 2초만 쉬면된다. 말하기 전에 호흡을 고르는 것은 어눌하거나 표현력이 부족한 것과는 다르다. 말은 늦추되 일단 내뱉는 말은 충만해야 한다. 촌철살인의 비유가 있고, 그것으로 상대의 마음을 흔들 수 있어야 한다.

두 번째는 설득력이다. 나는 과연 그를 설득하고 있는가, 아니면 스스로를 과시하고 있는가, 그것도 아니면 말로서 부족함을 달래고 있는가?

우리는 종종 말을 하는 이유가 타인에게 내 뜻을 전하기 위해서라는 사실을 잊어버린다. 원래 말의 목적은 설득이다. 즉, 말의 대상은 타인이다. 타인은 나만큼 나에게 관대하지 않고 늘 차가운 시선으로 나를 바라보기 때문에 타인이 보는 나의 인상은 순간의 실수로 뒤집힐 수 있다. 인간은 자기가 보고 싶은 것만 보기 때문에 타인에게 나는 늘 경계의 대상이라는 사실을 잊지 말아야 한다.

우리는 보통 다른 사람들의 의견을 들을 때 신중해 보이는 사람의 의견에 더 귀를 기울인다. 말을 많이 한 사람이 더 많은 대안을 제시했겠지만, 그의 긍정적인 대안은 많은 말 속에 들어 있는 다른 부정적 요인들에 의해 그 빛이 흐려져 결정적인 순간에 채택되지 않는다.

반면 신중한 사람의 한 마디는 결정적인 순간에 빛을 발한다. 말의 신중함은 사실 후천적으로 기를 수 있다. 그것도 아주 쉽고 간단한 방법이 있는데, 바로 말을 시작하는 타이밍을 늦추는 것이다. 한 번 늦춤으로써 정제되고, 한 번 늦춤으로써 신중함을 인식시키고, 한 번 신중함으로써 한 번의 실수를 피할 수 있다.

세 번째는 분노를 다루는 것이다. 나를 분노하게 하는 일에 대해 즉각적으로 화를 내는 것은 분노의 상대를 확실하게 적으로 돌리는 가장 빠른 방법이다. 누군가가 나를 화나게 했을 때 한번 숨을 고르고 상황을 돌아본 후, 다음 국면에서 문제를 다시 생각하는 것은 비겁함이 아니라 용기다.

지단(Zinedine Zidane)은 프랑스 축구의 영웅이다.[44] 자국에서 열린 1998 프랑스 월드컵에서 지단은 프랑스의 첫 월드컵 우승을 견인했다. 그는 결승전에서 멀티골을 기록했다. 또한 지단은 뢰블뢰 군단의 유로 2000 우승을 도왔고, 2006 독일 월드컵에서 다시 한번 월드컵 결승에 올랐다. 노련한 플레이로 환상적인 활약을 펼치며, 팀을 결승전으로 이끌었다. 프랑스의 결승전 상대는 이탈리아였다.

결승전에서 지단은 페널티킥 키커로 나서 이탈리아 골키퍼 부폰을 상대로 선제 득점에 성공했다. 하지만 프랑스는 얼마 지나지 않아 마테라치에게 동점골을 허용했다. 승부는 연장전으로 이어졌다. 그리고 연장전에서 누구도 예상치 못한 일이 일어났다. 지단이 마테라치를 머리로 가격한 것이다.

경기를 마치고 전해진 이야기지만 당시 마테라치는 지단의 가족을 모욕했다고 한다.

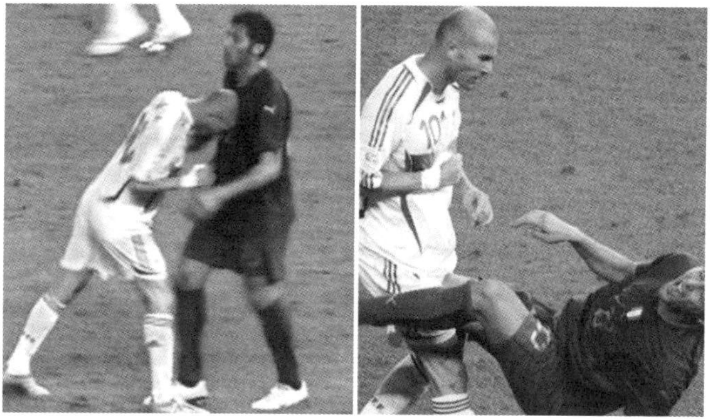

[지단과 마테라치]

하지만 후회하기엔 이미 늦었다. 지단은 경기에서 퇴장당했고, 프랑스는 승부차기에서 이탈리아에 패했다.

네 번째는 진실성이다. 말의 앞뒤가 일관하고 논지가 바로 서 있으며 실수는 바로 인정하는 것이다. 『진서(晉書)』에서 보면 '수석침류(漱石枕流)'의 고사가 나온다. 진나라 때 손초(孫楚)라는 사람이 노장사상에 빠져, 가장 가까운 친구에게 "돌을 베개 삼아 자고, 흐르는 물로 양치질하는 삶을 살고 싶다"라고 말해야 할 것을 "돌로 양치질하고 물을 베개로 삼겠다"라고 말하는 실수를 범한다.

이 말을 들은 친구가 웃으면서 말이 잘못되었음을 지적하자, 손초는 금세 "물을 베개로 삼겠다는 것은 옛날 성인들처럼 부질

없는 말을 들었을 때 귀를 씻으려는 것이고, 돌로 양치질을 한다는 것은 조약돌로 양치질을 하겠다는 뜻이라네"라고 둘러댔다.

이 일화는 단지 자존심을 지키기 위해 말의 신뢰를 잃은 대표적 사례라고 할 수 있다. 그 후로 남에게 지기 싫어하여 사실이 아닌 것을 억지로 고집부리는 것 또는 실패를 인정하려 들지 않고 억지를 쓰는 것을 일컫는 말로 쓰인다. 요컨대 말이 진실하려면 겸허하게 자신의 실수를 인정하고 겸양의 자세로 말하는 것이 가장 중요하다.

다섯 번째는 평가를 자제하는 것이다. 그것이 좋은 것이건 나쁜 것이건, 특히 사람에 대한 평가는 극히 주의해야 한다. 얼굴 한 번 봤을 뿐인데 사랑한다고 말하거나, 타인의 단점을 장점보다 먼저 지적하는 것은 상대방의 경계심을 불러일으키고 자신의 경박함을 드러내는 가장 빠른 방법이다.

공적인 일이라면 불가피하겠지만 사적인 영역이라면 사람에 대한 평가를 경솔히 하지 말고, 상대방의 말을 먼저 주의 깊게 들어야 한다. 그런 다음 그가 누군가를 쉽게 평가하면 다음부터는 가능한 한 그를 멀리하는 것이 좋다.

하지만 공공의 적이나 절대적으로 우호적인 존재에 관해서 이야기하는 것은 청자를 내 편으로 하기에 훌륭한 방법이다. 오래된 장마, 교통 체증 등 모두가 싫어하는 현상에 대해서 가볍게 이야기하는 것만으로 동질감이 형성된다. 혹은 한국에서의 히딩크, 박지성, 김연아, 유재석 등 많은 사람이 지지하는 '느님'들에 대한 사례를 이야기하는 것 역시 공감도를 높이기엔 훌륭한 방법이다.

여섯 번째는 같은 말을 반복하지 않는 것이 중요하다. 같은 논지를 중언부언하거나, 사족을 다는 일은 말의 가치를 떨어뜨리는 지름길이다. 특히 자신의 한마디가 좌중의 웃음이나 공감을 이끌어내면, 사람들은 반사적으로 같은 말을 한 번 더 하게 된다. 이 경우 첫 번째 상황에서 예상 밖의 탄성과 호응을 이끌어낸 것은 좌중이 그 말을 예상하지 못했기 때문이다. 그러므로 같은 말을 반복하게 되면 그다음에는 이미 알고 있는 말이 되므로 공감력이 급격히 사라지게 된다. 때론 처음에 느꼈던 감탄마저 사라진다.

CHAPTER 17

스티브 잡스의 프레젠테이션 시크릿

오프닝을 장악하라

스티브 잡스가 역사적으로 가장 훌륭한 프레젠터로 손꼽히는 이유 중 하나는 애플(Apple)에서 신제품을 출시할 때마다 이뤄진 제품 설명회에서 그가 보여준 퍼포먼스 때문이다. 이 중 2007년 이뤄진 아이폰 출시 설명회가 단연 발군이다.

스티브 잡스는 이 날 세 가지 혁신적인 제품을 갖고 나왔다고 말했다. 첫째는 거대한 터치스크린을 지닌 iPod, 둘째는 휴대폰(Phone), 셋째는 인터넷 통신기기(internet communications device)라고 소개한다. 혁신적인 제품을 세 가지나 들고 나왔다니 사람들의 기대가 커질 만했다.

잡스는 세 가지 제품을 상징하는 아이콘을 화면에 하나씩 띄우면서 하나하나 언급하기 시작했다. 제품이 하나씩 언급될 때마다 관객들은 탄성을 쏟아냈다. 특히 모바일 폰을 출시한다는 말에 가장 큰 함성과 박수가 이어졌다.

세 가지 제품을 소개하고 나자 화면 속 아이콘들이 하나로 합쳐진 후 계속 빙글빙글 돌기 시작했다. 잡스는 "아이팟, 모바일 폰, 인터넷 통신기기"를 또다시 언급했다. 1바퀴가 돌아가고, 2바퀴째로 접어들면서 관객들은 이제서야 뭔가를 알아챈 듯이 웃음을 터뜨리기 시작했고, 더욱 큰 박수와 환호로 응수했다. 그렇다. 사실 세 가지 제품이 아니라 하나의 제품을 들고나온 것이다. 그것이 바로 세상의 빛을 처음 마주한 아이폰이었다.

[2007년 스티브 잡스의 아이폰 출시 설명회]

스티브 잡스의 프레젠테이션을 보면 오프닝은 항상 눈을 뗄 수 없다. 새로움에 대한 흥분에 객석은 이미 들떠 있는 상황에서 잡스의 자신감과 유머 감각은 오프닝 무대를 완벽하게 꾸민다.

사실, 오프닝의 중요성을 먼저 파악한 매체는 영화다. 극장의 조명이 낮춰지고 스크린을 통해 처음 등장하는 오프닝은 영화 내용 전체의 분위기와 대강의 스토리, 등장인물을 최대한 짧은 시간 안에 소개하는 역할을 수행한다. 마치 복싱 경기가 열리는 링 위의 사회자가 청코너와 홍코너의 선수를 소개하듯이, 영화의 오프닝은 이제 막 펼쳐질 공연을 관객에게 소개하는 것이다.

영화 역사상 최고의 프랜차이즈 〈007〉 시리즈는 매 시리즈마다 임팩트 넘치는 오프닝으로 뜨거운 관심을 불러일으키며 화제를 모았다.[45] 먼저, '제임스 본드'가 스크린으로 걸어 나와 총을 쏘는 인트로씬은 〈007〉의 상징이라 해도 과언이 아니며 특유의 세련된 분위기와 색채가 돋보인다. 초기 오프닝 인트로씬은 숀 코너리와 로저 무어, 피어스 브로스넌 등 당대 최고의 '제임스 본드'가 정면을 바라보고 조금씩 다른 포즈로 총을 겨누는 장면으로 관객들을 사로잡으며, 다니엘 크레이그 역시 완벽한 슈트핏을 자랑하며 등장, 강한 카리스마를 선보인다.

[영화 〈007〉 오프닝의 한 장면]

또한 〈007〉 시리즈의 오프닝 타이틀 영상은 루이 암스트롱, 비틀즈의 폴 매카트니, 앨리샤 키스, 아델 등 당대 최고의 뮤지션의 주제곡과 환상적인 영상이 어우러진 것으로 유명하다. 더불어 여성들의 실루엣으로 매혹적인 비주얼을 선사하는 것은 물론 영화를 관통하는 핵심 이미지를 나타내는 것으로 익히 알려져 있다.

다시 스티브 잡스의 이야기로 돌아가 보자. 스티브 잡스를 비롯한 프레젠터들이 오프닝에 신경을 쓰는 이유는 심리학적으로 '초두 효과'와 관련이 있다. 초두 효과(Primary Effect)란 여러 개의 단어나 정보가 주어졌을 때 처음 제시된 단어나 정보를 중간에 위치한 것들보다 잘 기억하는 현상을 일컫는다.[46]

초두 효과는 의사결정 과정과도 연관이 있는데, 빠른 결정 및 판단이 요구되는 상황에서 처음 주어지는 정보는 이후의 인지적 처리와 의사결정을 위한 자료로써 유용한 가치를 지니며, 첫 정보와 일치되는 방향으로 판단하고자 하는 인지적 편향(cognitive bias)으로 이어지기도 한다.

초두 효과는 정보가 제시되는 속도에 의해서도 영향을 받는 것으로 알려져 있다. 정보가 제시되는 속도가 빠를수록 초두 효과는 감소하고, 천천히 제시될수록 증가한다. 또한 제시되는 정보의 양이 많을수록 초두 효과가 감소한다.

초두 효과가 일어나는 이유로는 뇌의 가소성, 즉 뇌에서 처리할 수 있는 정보의 양이 한정적이라는 점을 들 수 있다. 입력되는 모든 정보를 저장할 수 없기 때문에 뇌에서는 선택적으로 정보를 받아들이게 된다. 이때 처음 들어온 정보의 경우 인지적인 반복(rehearsal)이 더 자주 일어나고, 이 과정을 거쳐 장기 기억(long-term memory)에 저장되기 때문에 더 잘 기억하게 된다는 것이다.

또 다른 관점으로는 처음 제시되는 정보에 대해서는 사람들이 더 많은 관심을 기울이고 집중을 하며, 상대적으로 중요한 것으로 인식하여 기억하고자 노력하기 때문이라는 관점이 있다.

시와 소설의 전개 방식으로 스토리텔링 하라

앞서 이야기한 것처럼 프레젠테이션은 스토리로 전달되어야 한다. 하지만 같은 스토리라 할지라도 사람들이 익숙한 흐름으로 이뤄질 경우 더욱 흡입력이 높다. 대표적인 흐름으로 '기승전결'과 '발단-전개-위기-절정-결말'이 있다.

첫째, 기승전결을 알아보자. 이는 동양의 전통적인 시작법(詩作法)의 한 종류이다.[47] 특히 한시(漢詩)의 시작(詩作)에서 절구체(絶句體)의 전형적인 구성법을 지칭하는 용어이기도 하다.

또한 시작법뿐만 아니라 글쓰기의 구성전략에서 주요 용어로 사용된다. 문장 구성에 있어서의 4단계, 즉 서론(序論)·설명(說明)·증명(證明)·결론(結論)과 같은 4단계의 구분도 기승전결의 전용(轉用)이다. 이는 소설이나 희곡 등 창작 서사물에서 그 줄거리나 구성을 고안하는 데도 전통적이고 유용한 방식으로 사용되어 왔다.

둘째, 발단-전개-위기-절정-결말은 점층법의 한 종류이다.[48] 점층법은 문장의 뜻이 점점 상승하도록 단어나 구, 절들을 배열하는 표현방법으로 수사법 중 강조법에 해당한다. 약한 것에서 강한 것으로, 작은 것에서 큰 것으로, 낮은 곳에서 높은 곳으로, 좁은 곳에서 넓은 곳으로 어구를 배열하여 감흥을 조율하는 것이다.

이러한 스토리텔링의 흐름과 맥락은 우리가 어렸을 때부터 익숙하게 경험한 영역이다. 아빠가 아이에게 동화책을 읽어주는 장면을 떠올려 보자.

동화책을 읽어주는 목적은 아이들의 언어 능력과 상상력을 향상시켜주기 위한 것이지만 아빠 입장에서는 아이를 얼른 재우기 위한 목적도 있다. 아이의 눈이 스르르 감기는 순간, 아빠는 목소리의 톤을 낮추고 동화책의 내용을 하나둘씩 건너뛰며 책장을 빨리 넘기기 시작한다. 그러던 찰나, 아이가 눈을 뜨며 "아빠, 지금은 호랑이가 나올 부분인데……. 동아줄이 먼저 나오면 안 돼요!"라고 말한다. 어린아이의 머릿속에도 이야기의 흐름이 자연스러운지 그렇지 않은지를 판단할 수 있는 능력이 자리 잡고 있는 것이다.

스티브 잡스는 이러한 이야기의 플로우에 맞춰 프레젠테이션을 진행한다. 프레젠테이션의 초반 도입부에서는 큰 그림을 먼저 이야기하는 동시에 관객이 주목해야만 하는 이유를 간략히 제시한다.

특히, 사람들의 관심과 흥분이 최고조에 이르는 클라이맥스에서 시각적·청각적 효과를 총 동원함으로써 프레젠테이션의 임팩트를 극대화한다.

청중의 입장에서 이야기하라

프레젠테이션의 기본 중 가장 중요한 원칙은 바로 청중의 눈높이에 맞춰 이야기를 진행하라는 것이다. 다시 말해, 청중의 입장에서 이야기를 전달해야 한다는 것이다.

발표자와 청자의 역학관계를 살펴보면 발표자는 혼자 이야기할 수 있는 권한이 있고, 이미 해당 내용을 충분히 이해하고 있으며, 그 외에도 해당 분야의 전문가로서 청자보다 열 발자국, 아니 백 발자국 앞서 있는 입장이다. 토끼와 거북이의 경주처럼 불공평한 게임 구도인 것이다.

따라서 토끼 입장에 놓인 발표자가 거북이의 속도를 무시하고 앞만 보고 달려가다간 거북이가 경주를 중도에 포기해버릴 수도 있는 노릇이다. 스티브 잡스는 이러한 구도를 이해하고, 모든 프레젠테이션을 청중의 입장에 맞춰 최대한 쉽고 간결하게 전달하고자 노력했다.

아이폰을 소개하는 자리에서도, 처음부터 아이폰을 '짜잔'하고 소개하는 방법보다 기존에 고객이 익숙해 있는 아이팟, 휴대폰, 인터넷 통신기기를 하나하나 소개하면서 고객의 이해의 폭을 서서히 좁혀나갔다. 이는 마치 아빠와 아들이 2인 3각을 하는 것과 마찬가지라 할 수 있다. 아빠가 아들은 생각하지 못하고 자신의 보폭과 속도에 맞춰 걸으려고 하는 순간 게임은 엉망이 되기 쉽다. 최대한 아들의 페이스에 맞춰 경기를 끌고 가야 끝까지 성공적으로 완주할 수 있기 때문이다.

프레젠테이션도 마찬가지다. 발표자는 항상 관객의 눈빛과 관객의 고개 끄덕임의 횟수와 세기를 감지하면서 관객이 여전히 발표자의 페이스에 맞춰 따라오고 있는지 확인해야 한다. 필요할 경우에는 관객에게 적절한 질문을 하거나, 관객 상호 간의 토론을 유도함으로써 발표자의 무대를 관객과 공유할 필요도 있다. 프레젠테이션은 결코 혼자서 노래하는 솔로 무대가 아니다. 관객과 자연스럽게 교감하는 뮤지션의 콘서트처럼 시종일관 고객과 함께 호흡하는 무대여야 한다.

모든 것을 단순화하라

스티브 잡스의 슬라이드를 보면 지극히 간단하다. 너무 단순해서 눈을 의심할 정도다. 그림 하나, 숫자 하나, 사진 한 장, 한두 문장의 문구 등으로 커다란 슬라이드를 덩그러니 채우는 경우가 대부분이다.

절대 복잡한 그래프나 도표가 등장하지 않는다. 앞서 언급한 것처럼 잡스는 간결함과 단순함에 대해서 병적으로 집착한 사람

중 한 명이기 때문에 복잡한 것을 질색했다.

단순함에 대해 잡스는 다음과 같이 이야기했다.

"That's been one of my mantras - focus and simplicity. Simple can be harder than complex: You have to work hard to get your thinking clean to make it simple. But it's worth it in the end because once you get there, you can move mountains."

"집중과 단순함은 내 신조 중 하나입니다. 단순함은 복잡한 것보다 결코 쉽지 않습니다. 당신의 생각을 깔끔하게 정리하고 단순하게 하기 위해서는 부단한 노력이 필요합니다. 하지만 그것은 해 볼만한 가치가 있어요. 왜냐하면 단순함에 다다르는 순간 당신은 산을 움직일 수 있을 테니까."

컨설턴트가 일하는 방식 역시 유사한 점이 많다. 컨설턴트는 크게 두 가지 버전의 보고서를 작성한다. 첫 번째는 메인 덱이라 불리는 최종 보고서이며, 두 번째는 발표용 슬라이드이다.

컨설턴트의 공식 아웃풋은 메인 덱이다. 그래서 메인 덱은 최대한 상세하면서 간결하게 작성하려고 노력한 문서이다. 반면, 발표용 슬라이드는 스티브 잡스의 슬라이드처럼 철저히 단순하게 작성된다.

메인 덱과 비교해서 발표용 슬라이드에 들어가는 콘텐츠는 절반 이상으로 줄어들고, 폰트는 2~3포인트 확대되어 작성된다. 복잡한 그래프는 대거 제거되고, 한 장의 슬라이드가 때로는 두 장의 슬라이드로 나뉘기도 한다. 이는 메인 덱과 발표용 슬라이드가 서로 목적이 다르기 때문이다.

다시 말하지만 발표용 슬라이드는 프레젠테이션의 설명을 돕기 위한 보조 자료일 뿐 스토리의 핵심은 발표자의 입에서 전달되어야 한다. 그래야 프레젠테이션이 성공하기 마련이다.

둘째, 스티브 잡스의 프레젠테이션을 유튜브 등을 통해 직접 감상해 보자. 생각보다 굉장히 영어가 잘 들리는 느낌을 받을 것이다. 스티브 잡스가 적절한 템포로 주요 포인트를 강조해가며 명확한 발음으로 끊어서 이야기하는 측면도 있지만, 더욱 중요한 것은 그가 사용하는 단어와 문장의 구성 때문이다.

그는 초등학생이 이해할 수 있는 수준의 쉬운 단어로 문장을 구성한다. 그리고 문장을 최대한 간결하고 짧게 구성하기 위해 모든 노력을 기울인다. 하지만 결코 전달하고자 하는 메시지의 무게감이 떨어지지 않도록 세련미를 유지하기 위한 긴장의 끈을 놓지 않는다.

스티브 잡스의 프레젠테이션이 영어 공부의 교재로 자주 활용되는 이유가 바로 이것 때문이다. 쉽게 이야기하되, 말의 격조를 유지하는 것은 한국어로 이야기할 때조차 지키기 쉽지 않은 영역이다.

세상에 너무 많은 리허설이란 없다

스티브 잡스는 연습 벌레였다. 특히 프레젠테이션과 관련해서는 수십 번의 연습을 거듭했다고 알려졌다. 이미 세계 최고의 프레젠터로 명성을 날리는 순간에도 그는 연습을 게을리하지 않았다.

매번 무대에 미리 올라 실전 감각을 키웠으며 직원들 여럿을 객석에 앉혀 실제와 같은 세팅에서 프레젠테이션을 연습했다. 그리고 피드백에 맞춰 부족한 부분의 슬라이드를 고치거나 멘트를 가다듬었다. 시선과 손동작 등 보디랭귀지를 다시 살펴본 것은 물론이다.

이는 컨설턴트의 프레젠테이션도 마찬가지다. 아무리 훌륭한 파트너라 할지라도 최종 보고 발표에 앞서 수차례 연습을 거듭한다. 때로는 거울을 보며 연습하고, 동영상을 찍어 본인의 발성과 표정 등을 가다듬는다. 연습은 아무리 많이 하더라도 지나침이 없는 것이다.

2018년 유럽 챔피언스리그에서 벌어진 호날두의 오버헤드 킥은 단연 최고의 장면 중 하나다.[49] 호날두는 유벤투스와 유럽 챔피언스리그 8강 1차전에서 2골을 몰아치며 레알 마드리드를 4강 문턱에 올려놓았다. 특히, 호날두의 오버헤드 킥이 팬들을 열광케 했다. 호날두는 유벤투스전에서 엄청나게 높은 점프력으로 오버헤드 킥을 시도했고, 천하의 골키퍼 지안루이지 부폰도 이 슛에 꼼짝하지 못했다. 그는 당시 약 2.4m로 점프하여 골대의 상단 높이와 비슷한 위치에서 킥을 성공하였다.

오버헤드 킥이 골망을 가른 뒤, 경기장엔 엄청난 환호성과 탄성이 쏟아졌다. 홈 팬인 유벤투스 팬과 원정 팬인 레알 마드리드 팬 할 것 없이 모두가 세기의 슈팅을 온몸으로 느끼고 반응한 것이다. 호날두 고유의 세레머니가 있고 나서 유벤투스팬들은 그를 향해 기립박수를 보냈다. 승부를 떠나서 일생일대의 멋진 경험을 선사한 최고의 선수에 대해 관객이 해 줄 수 있는 최상의 찬사였다.

하지만 더욱 놀라운 것은 경기 하루 전 오버헤드 킥을 연습하는 모습이 포착됐고, 다음 날 경기에서 성공했다는 점이다. 동료들의 말에 따르면 호날두는 평상시에도 훈련 중 오버헤드 킥을 수차례 연습했다고 한다.

[호날두의 오버헤드 킥]

그 경기 후 4일 뒤에는 지역 라이벌인 아틀레티코 마드리드와 경기가 벌어질 예정이었다. 스페인의 스포츠 신문 〈문도 데포르티보〉는 호날두가 아틀레티코 마드리드와 지역 더비를 앞두고 훈련에서 또다시 오버헤드 킥으로 골을 넣었다고 전했다. 호날두는 훈련에서 다니엘 카르바할의 크로스를 이어받아 오버헤드 킥으로 골을 기록했고, 동료들을 또 한 번 놀라게 함과 동시에 많은 박수를 받았다.

몇 세기만에 등장한 이 축구 천재는 타고난 재능도 대단했지만 연습량과 자기 관리에 있어 타의 추종을 불허했다. 호날두도 매일 매순간 연습하고 스티브 잡스도 반복을 게을리하지 않고 리허설을 하는데 우리가 가만히 있을 순 없는 노릇이다. 다시 말하지만 세상에 너무 많은 리허설이란 없는 것이다.

사람들은 보통 자신이 잘하는 일에 있어서는 아무도 없는 데서 춤을 추거나, 노래하거나, 연설하는 것보다는 사람들이 보는 앞에서 작업하면 더 열심히 하거나 잘하게 된다.[50] 소위 말하는 '무대 체질'에 해당하는 심리적 효과이다.

연습과정에서 있어서도 더욱 능률이 오를 수 있는데 이러한 심리적 현상을 일컬어 '호손 효과(Hawthorne Effect)'라고 한다. 관객이 있을 때 사람들은 어떤 일을 더 잘한다는 말을 '관객 효과(Audience Effect)'라고도 한다.

여기서 주의해야 할 것은 호손 효과 역시 충분히 준비된 사람에게만 허락되는 효과라는 점이다. 호날두나 스티브 잡스 역시 호손 효과의 영향을 받았을 수도 있다. 하지만 더 확실한 것은 그들이 혹독한 연습과 리허설을 거쳤기 때문에 호손 효과의 임팩트가 더욱 크게 나타났다는 것이다.

CHAPTER 18

작은 차이가 명품 프레젠테이션을 만든다

보이스 트레이닝

인시아드(INSEAD) MBA 과정에서 컨설팅 회사에 취업하고 싶은 학생들에게 가장 인기 있었던 과목 중 하나가 프레젠테이션 스킬을 가르치는 과목이었다.

BBC에서 오랜 기간 유명한 앵커로 활동했던 교수가 실용적인 지식과 스킬 중심으로 수업을 진행하는데, 가장 인상 깊었던 것 중 하나는 최종 발표를 카메라로 정성스럽게 찍어서 학생들에게 나눠주는 것이다. 그러면서 학생들이 실제로는 어떠한 표정과 목소리로 발표하는지, 손짓은 어떠한지, 시선처리는 적절했는지에 대해서 보고서로 결과를 알려준다.

보스턴컨설팅그룹 서울 오피스에서도 비슷한 트레이닝을 제공한다. 특히, 팀장 이상이 되면 국내에서 모르는 사람이 없을 정도로 유명한 아나운서를 초대해 발음, 발성, 호흡을 훈련하는 세션을 갖는다.

팀장 직급에 다다르게 되면 이야기의 흐름, 논리적 구조 등 콘텐츠 측면에서는 어느 정도 도가 튼 단계라고 할 수 있다. 하지만 오히려 기초적인 부분에서 아쉬울 수 있는데, 가장 흔한 실수가 이뤄지는 곳이 바로 발성 기관이다.

훌륭한 프레젠테이션이 되기 위해서는 훌륭한 소리로 전달되어야 한다. 이제부터 하나하나 살펴보도록 하자.

첫째, 발음의 정확성이다. 아나운서 지망생들이 볼펜을 입술 사이에 끼우고 발음하는 모습을 한 번쯤은 봤을 것이다. 사실 발음이란 입 모양과 혀의 동작에 따라 좌우되는데, 후천적인 노력으로 충분히 개선될 수 있다.

하지만 신체 구조상 절대적으로 발음이 어려운 단어들이 있을 것이다. 그럴 경우에는 같은 뜻을 가진 발음이 쉬운 단어를 머릿속 즐겨 찾기에 저장해 놓자. 그러고 나서 항상 자신이 최고로 잘할 수 있는 발음의 영역에 있는 단어를 찾아서 이야기하자.

둘째, 목소리의 톤이다. 노래로 하자면 '키'이다. 많은 사람 앞에서 프레젠테이션할 때는 의도적으로 한두 키를 올려서 이야기하는 것이 바람직하다.

축구를 중계하는 아나운서의 목소리를 들어보자. 보통 남자들의 목소리보다 한두 키 높은 적절한 높이의 하이 톤임을 알 수 있다. 같은 조건이라면 적절한 하이 톤이 중저음의 목소리보다 더욱 흡입력이 있게 전달된다.

셋째, 말하기의 속도이다. 이는 호흡과도 밀접하게 관련되어 있다. 프레젠테이션의 적절한 속도는 평소 말하는 속도의 70~80%가 적절하다. 그래야 앞서 언급한 발음과 목소리 톤도 적절하게 유지될 수 있다.

큰 발표를 앞두게 되면 프레젠테이션의 고수들조차 심장박동이 빨라지고 호흡이 짧아지면서 말이 빨리 나오기 일쑤다.

이럴 때는 의도적으로 발표를 잠깐 멈추거나 관객에게 질문을 던짐으로써 페이스를 조절해야 한다. 말하기의 속도가 한번 빨라지면 썰매에 오른 스켈레톤 선수처럼 걷잡을 수 없는 속도로 단어들이 쏟아지기 때문이다.

마지막으로 목소리의 크기다. 이 역시 평상시 목소리보다 30~40% 크게 이야기할 필요가 있다. 군대의 장수가 대성박력으로 병사들을 지휘하듯이 커다란 목소리가 전하는 울림은 생각보다 강력하다. 목소리의 크기와 깊이를 키우기 위해 복식호흡을 연습하는 것도 좋은 방법이다.

자세: 몸의 위치/각도

프레젠테이션할 때 가장 좋은 자세는 청중을 정면으로 바라보는 것이다. 그리고 청중이 바라보는 관점을 기준으로 화면의 왼쪽에 발표자가 있는 것이 안정적인 구도이다.

발표자는 가끔 화면으로 눈을 돌릴 때가 있다. 그럴 경우에라도 몸을 180도로 트는 것은 절대 금물이다. 절반 정도 몸을 돌리되, 항상 발끝이 청중을 향해 있어야 한다.

발표하는 중간중간 무대 위를 천천히 거닐 수 있다. 관객들 사이로 들어가 천천히 배회하며 발표를 이어갈 수도 있다. 그렇다 하더라도 화면을 지나치게 오랫동안 응시하는 것은 바람직하지 않다. 청중이 화면이 아닌 발표자를 더 오래 바라보게 하기 위해서는 청중을 향한 몸의 각도가 흐트러져서는 안 된다.

시선 처리

관객들과 아이 컨택(눈맞춤)을 하는 것을 불편해하는 사람이 여전히 많다. 청중을 바라보고 있지만, 실제로는 청중 뒤에 있는 시계를 바라보거나 청중들 사이에 있는 의자나 물병을 바라보는 프레젠터가 있다.

보스턴컨설팅그룹의 프레젠테이션 트레이닝에서는 재미있는 게임을 한다. 발표자 한 명이 앞에 나와서 발표 준비를 하는 동안 관객들은 모두 한 손을 들게 한다. 이때 한 가지 주문을 한다. "발표자가 각 관객의 눈을 5초 이상 바라보면 관객은 손을 내릴 수 있습니다. 관객은 마음속으로 5초를 카운트하세요. 발표자는 준비한 발표가 끝나기 전에 모든 사람의 손이 내려가도록 하는 것이 이번 게임의 목표입니다."

발표자의 시선은 항상 관객을 향해 있어야 하며, 모든 사람의 눈을 고루고루 돌아가며 쳐다봐야 한다.

보디랭귀지

보디랭귀지 또한 사람들이 어색해하는 영역 중 하나다. 그래서 어떤 프레젠터는 한 손을 항상 주머니에 넣고 반대쪽 손으로는 보고서 출력물을 들고 발표하는 경우가 있다. 혹은 연단 뒤에 숨어서 발표를 끝내는 경우도 있다. 이는 쓸데없는 보디랭귀지를 의도적으로 차단하는 것이다.

하지만 적절한 몸짓은 몇 마디 말보다 더욱 강력한 영향력을 전달하는 경우가 있다. 지휘하듯 양손을 움직이거나, 한쪽 손을 주머니에 넣고 나머지 손만 몸 바깥쪽으로 작은 물레방아를 돌리거나, 화면을 손가락으로 가리키거나, 고민에 빠진 것처럼 턱을 괴거나, 무심한 듯 팔짱을 끼는 등 보디랭귀지를 적절히 사용하면 관객들에게 전달되는 호소력은 더욱 배가된다.

공간에 익숙해지기

발표를 성공적으로 하기 위해서는 발표가 이뤄지는 공간에 먼저 익숙해지는 것이 필요하다. 따라서 발표를 하기 30분 전에 미리 장소에 도착하여 미팅 룸의 크기, 좌석 수, 창문으로 들어오는 빛의 양, 벽에 걸려 있는 사훈 등을 미리 익히는 것이 필요하다. 더욱 중요한 것은 프로젝터는 제대로 작동하는지, 무선 포인터도 이상 없는지 등 장비를 살피는 것이다.

물리적인 공간과 사물에 익숙해지는 것은 발표자의 심리를 안정시킨다. 공간과 사물로부터 거리감을 느끼게 되면 앞서 언급했던 모든 조건이 하나둘 삐걱거리게 되고 프레젠테이션은 엉망이 되기 쉽다.

보스턴컨설팅그룹에서 진행했던 트레이닝 중 서울의 한 대학에서 연극영화학과 교수를 모셨던 적이 있다. 서울 오피스의 카페테리아에서 교육이 이뤄졌는데, 당시 카페테리아는 100명 남짓의 사람이 들어설 수 있을 정도로 컸다. 교육의 주제는 이번에도 역시 프레젠테이션이었다.

교육이 한창 이뤄지다가 난데없이 교수가 모든 참가자에게 바닥에 드러눕도록 지시를 내렸다. 사람들이 하나둘 쭈뼛쭈뼛거리다가 누웠고 교수의 지시에 따라 모두 눈을 감았다.

"평상시 절대 상상치 못한 장소에서 여러분은 누워 있습니다. 이 공간을 몸으로 느껴 보십시오."

짧은 시간이 흘렀다.

"자, 이제 눈을 떠 보세요. 바닥과 가까운 시선에서 천장과 벽을 바라보십시오. 지금까지 몰랐던 공간의 모습이 눈에 들어올 것입니다. 어떤가요? 이 공간이 더욱 친숙하게 느껴지지 않나요?"

프레젠테이션을 잘하기 위해서는 공간과 사물을 장악해야 한다. 청중의 마음을 사로잡는 것은 그다음이다.

관객과 교감하기

마지막으로 관객과 교감하는 것이다. 관객에게 질문을 던지거나, 관객끼리 서로 의견을 주고받도록 유도해 보자.

프레젠터가 올라서 있는 무대는 혼자만의 공간이 아니다. 관객을 무대 위로 끌어올리거나 프레젠테이션에 동참시키는 것은 관객의 몰입도를 높이는 것은 물론 관객의 수용성을 배가시킨다.

관객과의 교류가 부족할 경우 나타날 수 있는 부작용에 대해서 제럴드 파나스와 앤드루 소벨의 저서 〈질문이 답을 바꾼다〉* 에 등장하는 다음 사례를 살펴보자.

중역 회의실에 세계적인 대형 은행의 최고위 임원들 8명이 앉아 있었다.[51] 줄무늬 목재로 만든 회의용 테이블 위에 물병들이 가지런히 준비돼 있다. 천장에서 하얀 프로젝션 스크린이 내려오면서 낮게 '윙' 하는 소리를 냈다.

"이제 들어오시라고 하게."

임원들 중 한 명이 비서에게 말했다.

* 원서는 Power questions: build relationships, win new business, and influence others 이다.

회의실 밖에 있던 경영 컨설턴트들이 들어와서 임원들과 악수를 나눴다. 이 컨설턴트들은 명망 높은 일류 경영 컨설팅 회사에서 왔다. 한 유명한 업계 전문지는 상당한 막후 영향력을 행사하는 이 회사의 파트너들을 가리켜 '현대 비즈니스계의 예수회 교도들'이라는 별명을 붙이기도 했다. 컨설팅 업계를 다룬 어떤 서적에서는 그들을 '전략의 제왕'이라고 불렀다.

이 컨설팅 회사는 이 은행의 CEO와 그의 팀을 위한 대형 프로젝트를 따내려고 경쟁하는 최종 후보 세 곳 중에 하나였다. 이것은 상당한 대규모 프로젝트로 컨설팅 업계 전체에서 탐내고 있었다. 계약 성사 여부가 많은 것을 좌우하게 될 터였다.

프레젠테이션은 한 시간 동안 이어졌다. 반질반질 윤이 나는 테이블 앞에 앉은 임원들이 가끔씩 정중하게 질문을 던졌다. 컨설팅 회사의 대표 파트너인 웨스터벨트(Westervelt)가 이 은행의 주요 사업 부문인 기업 뱅킹에 관해 심도 있게 설명했다. 이 주제를 선택한 이유는 은행을 위한 새로운 전략을 개발하는 데 컨설팅 회사가 어떤 절차를 구상하고 있는지 보여주기 위해서다. 웨스터벨트의 프레젠테이션 능력은 탁월하다.

웨스터벨트는 거대한 기업 시장에 대해 정통하며 이 은행의 주요 경쟁사들에 대해서도 숙지하고 있었다. 그는 감동적일 정도로 유창한 화술을 선보였다. 연설에 통달한 그의 입에서 '음……'

또는 '그러니까' 같은 말은 절대 튀어나오지 않는다.

웨스터벨트의 프레젠테이션은 걸작이었다. 실로 그는 이 분야에서 세계적인 전문가임이 틀림없다. 그의 비범한 지식과 경험을 능가할 컨설턴트는 아마 어디에도 없으리라.

이제 주어진 시간이 얼마 남지 않았다. 웨스터벨트는 좌중에게 물었다. "혹시 질문 있으십니까?" 앉아 있는 임원들이 모두 고개를 흔들었다.

CEO가 말했다. "감사합니다. 매우 유익한 시간이었어요."

47층에서 엘리베이터를 타고 내려가는 동안 젊은 파트너 한 명이 웨스터벨트에게 말했다. "오늘 정말 끝내줬어요."

한편 회의실에서는 은행 임원들이 간단한 사후 회의를 했다. 방금 다녀간 컨설턴트들은 CEO가 선호하는 이들이었다. 그는 그들에게 일을 주고 싶었다. 하지만 다른 임원들에게 자기 의견을 강요하고 싶지는 않았다. 테이블에 앉은 임원들에게 물어보자 긍정적인 의견이 많이 나왔다. 여기까지는 좋았다.

HR 최고책임자인 제니퍼는 가장 절제된 의견을 피력했다. 그녀는 이 은행에서 30년 가까이 일했다. 마지막 순서는 글로벌 기업 뱅킹 책임자인 피터였다. 기업 뱅킹은 컨설턴트들이 가장 많은 시간을 할애한 부문이었다. 피터는 프레젠테이션 후 실망한 기색이 역력했다. 흥분해서 얼굴까지 벌겋게 상기되었다.

"그들을 우리의 컨설턴트로 고용하는 것에 반대합니다." 그는 단호하게 말했다. 화를 참기 어려워하는 모습이었다. "특히 대표 파트너 웨스터벨트 말입니다. 그는 다른 사람 얘기는 들으려고도 하지 않아요. 그는……. 공감하는 능력이 없어요!"

걱정이 된 CEO는 좀 더 자세한 설명을 요청했다.

"그들은 우리의 전략이나 계획에 대해서는 거의 아무것도 묻지 않았어요. 우리가 내린 결정들, 사업을 성장시키는 데 기여할 우리의 강점들 같은 것에 대해 말입니다. 기업 뱅킹 부문에서 우리의 주도적인 위치를 인정하지도 않았고요. 다들 자만심으로 가득해서 자기 얘기만 늘어놓기 바빴어요.

며칠 후 CEO는 컨설턴트들에게 전화를 걸어 그들이 프로젝트를 '잃었다'고 말했다. 따내지 못한 게 아니라 '잃은' 것이다!

CEO는 모든 후보 회사들의 역량이 '막상막하였다'고 말했었다. 그래서 웨스터벨트와 그의 동료들은 더욱 놀랐다. 매우 낙담

했다. 아니, '완전히' 낙담해서 멍할 지경이었다. 어떻게 이런 일이?

1년 뒤, 은행의 CEO를 다시 만날 기회가 있었고 다음과 같은 질문을 던졌다. "웨스터벨트의 회사가 그때 입찰 과정에서 어떻게 했다면 결과가 달라졌을까요?"

CEO는 눈썹을 추어올리더니 머리를 한쪽으로 갸우뚱했다. "어떻게 했다면 말입니까? 웨스터벨트가 묻지 않은 한 가지 질문이 결국 모든 걸 좌우한 겁니다. 피터에게 기업 뱅킹에 관해 이렇게 물어보기만 했다면 결과가 달라졌을 거예요. '당신의 계획에 대해 설명해 주시겠습니까?'이 질문이요."

이번 사례가 강조하는 것은 고객사와의 교감이다. 하지만 이는 결코 어려운 것이 아니다. 고객사의 의견을 가볍게 물어보는 질문 하나만으로 교감의 레벨을 확 끌어올릴 수 있다.

심리 속의 심리상자 4

스스로 한계에 갇힌 벼룩과 코끼리

벼룩을 유리컵 속에 넣어두면 어떻게 될까? 금방 튀어 올라 유리컵 밖으로 탈출할 것이다.

그러면 유리컵 위에 덮개를 올려두면 어떻게 될까? 벼룩은 덮개에 부딪혀 컵 밖으로 나오지 못한다. 그런데 이 벼룩은 나중에 덮개를 치운 후에도 컵 밖으로 나갈 수 없게 된다. 계속해서 실패를 경험한 이후, '나는 이 컵을 나갈 수 없어'라고 판단하고 컵 밖으로 나가려는 시도조차 하지 않는 것이다.

이렇게 스스로의 한계를 규정짓고 그 한계에 갇혀 나아가지 못하는 것을 '벼룩 효과(Flea Effect)'라고 한다.

비슷한 예로, 코끼리를 밧줄에 묶어두는 이야기가 있다. 서커스단에서는 코끼리를 관리할 때, 아주 작은 말뚝에 밧줄로 묶어둔다고 한다. 덩치가 큰 코끼리를 쇠사슬도 아니고 겨우 밧줄로 묶어두다니, 금방 도망가지 않을까?

이 코끼리들은 새끼 시절부터 말뚝에 묶어둔다고 한다. 새끼 코끼리는 힘이 약해서 아무리 노력해도 밧줄을 끊거나 말뚝을 뽑지 못한다. 이때 코끼리는 탈출을 포기한다. 그리고 덩치가 커지고 힘이 세진 후에도 탈출할 생각을 하지 않게 된다. 그래서 힘이 센 코끼리를 말뚝과 밧줄만 사용해서 묶어둘 수 있는 것이다.

많은 사람 앞에서 발표하거나 전문적인 프레젠테이션을 할 때도 이런 법칙이 적용된다. 특히 프레젠테이션을 두려워하고 겁을 먹는 이들이 많다. 이것은 과거에 실패했던 울렁증을 아직도 끌어안고 있는 것이다. 실패를 잊지 않고 실패 원인을 분석해 보는 것은 좋다.

그러나 새로운 실천 직전까지 과거의 실패에 묶여 자신의 한계를 제안하는 것은 어리석은 짓이다. 지금, 능력을 발휘할 때라면 우선 자신의 능력을 믿어보자. 과거의 실패 경험은 잠시 미뤄두는 것이 좋다.

자신의 능력을 스스로 규정짓지 말고, 자신감을 갖자. 그곳에 갇히는 벼룩이나 코끼리가 되지는 말아야겠다. 그러면 당신은 스티브 잡스도 감탄할 프레젠테이션을 할 수 있을 것이다. 가장 중요한 것은 자신감(confidence)이다.

PART 5

나누기와 빨셈의 오묘한 방정식?

컨설턴트처럼 프로젝트 짜기

CHAPTER 19

[프랙티스 1] 스토리라인 작성 연습

컨설턴트의 스토리라인 작성 기법을 효과적으로 익힐 수 있는 방법으로 신문 기사 내용을 요약하는 연습보다 더 나은 것은 없다.

경제경영 신문 기사 중 스토리가 풍부한 기사를 하나 골라보자. 그리고 그 기사를 피라미드 원칙에 맞춰 Answer First로 스토리라인을 정리해 보자.

기승전결에 맞춰져 있지 않을수록 더욱 좋은 연습 문제가 될 것이다. 더 나아가 관련 데이터 및 정보가 명확하게 제시되지 않을수록 더욱 훌륭한 연습 문제임을 기억하자.

사례: 가구 공룡, 이케아

다음 기사는 이케아의 성장 전략 관련 한 국내 기사를 발췌

한 것이다. 막덱을 거쳐 슬라이드를 그려 경영진에게 보고를 해야 하는 임무를 부여받은 것으로 가정하고 스토리라인으로 요약하는 연습을 진행해 보자.

조립식 가구를 중심으로 하는 글로벌 유통 업체인 이케아(IKEA, 영어권에서는 아이케아로 읽음) 창립자인 잉그바르 캄프라드(Ingvar Kamprad) 고문이 1월 27일 91세로 별세했다.[52] 이케아에 따르면 캄프라드는 이날 고향인 스웨덴 남부 스몰란드의 집에서 세상을 떠났다. 캄프라드는 1926년 스웨덴의 스몰란드에서 태어나 17세인 1943년에 유통 업체인 이케아를 창업했다. AFP통신은 2017년 기준 캄프라드의 재산이 373억 유로(약 48조5000억 원)에 이른다고 스위스의 경제 전문지 '빌란'을 인용해 보도했다.

[이케아 매장 전경]

이케아를 가구 업체로 표현하기도 하지만 실제로 가구는 주축일 뿐 다양한 인테리어상품·생활용품 등 1만2000종의 상품을 취급하는 종합 유통 업체다. 이케아는 현재 세계 49개 시장에서 412개의 매장을 운영하고 있다. 국내에도 광명과 고양에 매장을 열고 있다. 지난해 세계에서 10억 명이 넘는 고객이 이케아 매장을 방문했다.

1943년 17세의 캄프라드는 실업학교를 졸업했고, 그해 7월 28일 상업등기소에 '이케아'라는 이름으로 사업체를 등록했다. 자신의 이름인 잉그바르 캄프라드의 이니셜인 I, K와 그가 태어난 엘름타리드 농장의 이니셜인 E, 고향 마을인 아군나리드의 이니셜인 A를 합쳐 이케아(IKEA)로 회사 이름을 지었다. 창업자의 이름과 고향 이니셜을 합성해 기업명을 지은 것이다.

실업학교를 마친 캄프라드는 대도시 예테보리에 있는 2년 과정의 고등상업학교에 진학했다. 그는 학교에 다니면서 이케아를 운영했다. 처음에는 시계·스타킹·넥타이·양말 등 잡화를 우편 판매하는 업체로 시작해 취급 상품을 넓혀갔다. 본사는 아버지의 집이었고, 고향 마을과 그가 학교에 다니던 예테보리가 그의 활동 구역이었다.

세계 49개 시장에서 412개 매장 운영

1947년 캄프라드는 군에 입대해 2년간 의무 복무를 했다. 사병으로 입대했지만 1948년 장교 시험에 합격해 장교로 전역한 뒤 예비역에 편입됐다. 그런데도 군 복무 중 개인적으로 통신판매 사업을 했다. 물건을 구입해 이를 게재한 카탈로그를 돌리고 주문을 받으면 우편으로 보내주는 사업이었다.

제대한 캄프라드는 가족의 도움을 받아가며 고향 집의 창고에서 통신판매 일을 계속했다. 사무용품에 더해 화장품, 넥타이, 바늘과 실 등 일상용품까지 팔던 그는 제2차 세계대전 이후 유럽을 뒤흔든 스타일리시한 상품인 나일론 스타킹도 취급하기 시작했다. 당시론 첨단 상품이다. 여러 가지 축하카드·만년필·지갑 등도 취급했으며 값싼 액자는 물론 시계·장신구·벽장식품으로 취급 품목을 늘려갔다. 익숙한 곳에서 자신이 가장 잘 할 수 있는 일로 승부를 건 것이다. 아버지와 어머니가 주문을 받고 제품을 포장하는 일을 도왔으며 난독증으로 장부 정리에 어려움을 겪는 캄프라드를 대신해 회계 일도 해줬다. 가족경영이었다. 농장이 곧 물류창고였고, 농장에서 우유를 받아 역까지 오가는 트럭이 배송차량이었다.

사업이 번창하면서 일손이 더 필요했던 캄프라드는 기나긴 면접 끝에 1952년 스벤예테 한손이라는 직원을 채용했다. 한손은 엘름타리드 농장으로 이사해 캄프라드와 생활을 함께했다. 그러면서 이케아의 미래에 대해 많은 의견을 교환했다. 그 결과 두 사람은 두 가지 결정을 했다. 첫째, 취급 제품을 가구와 생활용품으로 단순화하기로 했다. 선택과 집중의 전략을 세운 것이다. 경쟁이 심하고 이익이 박했던 사무용품은 정리했다.

그가 가구 사업에 집중한 이유는 바로 스웨덴 사회의 변화 때문이었다. 당시 스웨덴 정부는 서민들에게 집을 마련해 주기 위해 주택 100만 가구 건설을 추진했다. 주택 건설 붐은 가구 판매를 늘릴 절호의 기회였다. 정부가 추진하는 대규모 사업에 맞춘 아이템이라면 수요가 크고 안정적일 것이라는 판단에서 캄프라드는 가구사업으로 방향을 틀었다.

둘째, 제품 전시장을 세우기로 했다. 우편 주문자들에게 제품을 실제로 보여 신뢰를 얻는 게 목적이었다. 고객이 눈으로 보고 믿고 구입하게 한다는 이케아의 전략은 이때부터 나왔다. 그래서 1953년 3월 8일 가구 전시장을 열었다. 고객들이 방문하기 쉽도록 기차역 인근에 자리를 잡았다. 캄프라드의 외가가 있는 엘름훌트의 제재소를 개조해서 세웠다. 이날은 이케아가 새롭게 재탄생한 날이다. 개장식을 하던 날, 1000명이 넘는 고객이 몰려들었다. 캄프라드는 소비자들의 욕구를 정확하게 읽었던 것이다. 상품을 직접 보고 구매하겠다는 욕구다. 고객의 욕구는 바뀌는데, 당시 유통 업자들은 여전히 공급자 위주의 사고와 행동에 머무르고 있었다.

가구사업의 패러다임 바꿔

캄프라드는 가구를 중심으로 제품 전시장을 열기 몇 달 전부터 치밀하게 다른 가구점을 살폈다. 그가 살펴본 다른 가구점은 소비자의 요구를 제대로 맞춰주지 못하고 있었다.

당시 스웨덴 가구 업계는 고비용 고가 체제를 유지하고 있었다. 가구를 완제품으로 만들어 거대한 가구점에 전시하고 있다가 고객이 주문하면 커다란 트럭을 동원해 비싼 배달비까지 받고 집에 가져가서 설치해 주는 식이었다. 가구를 완제품으로 만드는 비용은 기본이었다. 이를 보관하는 거대한 창고, 그리고 전시에 필요한 넓은 매장에 대한 부동산 비용도 추가로 들 수밖에 없었다. 더구나 커다란 가구를 운반하려면 별도의 배달 트럭을 불러야 했다. 자가용 승용차로는 불가능했다. 그러니 가구가 비쌀 수밖에 없었다.

반드시 필요한 사람과 돈이 많은 사람은 필요한 가구를 고루 구입할 수 있었지만, 새롭게 독립하는 젊은 사람은 힘들게 가구를 마련할 수밖에 없었다. 특히 결혼을 하는 젊은이들은 가구 마련에 드는 돈 때문에 스트레스를 심하게 받았다. 스웨덴의 젊은 부부들은 정부 정책 덕분에 집은 얻었어도 집을 채울 가구는 쉽게 구할 수가 없었다.

캄프라드는 자신이 차린 가구점을 성공적으로 운영하기 위해 독특한 영업 전략을 세웠다. 우선, 손님들이 가게에 와서 마음껏 가구를 만지고 살펴볼 수 있도록 했다. 자신이 오랫동안 쓸 가구를 찬찬히 살펴보고 골라가게 한 것이다. 물론 가구라는 고가 상품을 사려면 와서 열어보고 두드려 본 다음에 사는 건 기본이었다. 하지만 캄프라드는 이를 넘어섰다.

손님들이 아예 두고두고 가구를 구경하며 대화를 나누고, 심지어 쉬어가는 공간으로 자신의 점포를 내준 것이다. 이를 위해 손님들에게 차는 물론 식사까지 제공했다. 차는 말린 야생화 엑기스를 꿀에 절인 스웨덴 전통차를 주로 제공했다. 이 차는 사람의 마음을 편안하게 하는 작용이 일부 있었다. 캄프라드의 가구점은 동네 사랑방이 됐다.

가구점을 단순하게 가구를 사고파는 공간이 아닌, 가서 쉬면서 상품에 대해 수다를 떨 수 있는 공간으로 만든 것은 의외의 성과를 가져왔다. 캄프라드는 소비자들의 불만과 바라는 점을 좀 더 분명하게 파악할 수 있었다. 소비자는 더욱 싼 제품을 원했다. 하지만 품질은 그대로 유지하기를 바랐다.

품질을 유지하면서 어떻게 가격을 낮출 수 있을까? 캄프라드는 이 문제를 풀었다. 해답을 얻고 거대한 시장을 차지했다. 해결책의 실마리는 의외로 가까운 곳에서 나왔다. 그것은 고객이 스스로 조립하는 DIY(do it-yourself) 가구였다.

캄프라드는 처음에는 이러한 조립형 포장 가구가 파손도 줄일 수 있다는 점에만 주목했다. 부분으로 나뉜 가구는 파손율이 낮을 수

밖에 없었다. 하지만 곧 가구의 파손도 막는 것은 물론 포장의 부피를 크게 줄인 덕분에 보관과 운반에 아주 도움이 될 것이라는 사실도 간파했다. 파손율을 줄이는 것은 물론, 배송비도 절감할 수 있었던 것이다. 매장에서 차지하는 면적이 적다는 이점도 있었다.

"가구를 부품별로 분리해 평평한 박스에 담은 포장가구는 전시 때는 물론이고 운반할 때도 공간을 절약할 수 있잖아. 그러면 굳이 트럭을 동원하지 않아도 자동차에 싣고 갈 수 있잖아. 고객들이 가구창고로 와서 제품을 본 후 분해된 가구가 들어 있는 납작한 상자를 자동차에 싣고 갈 수가 있으니 운반비만큼 싸게 팔 수 있네. 고객들이야 당연히 운반비가 안 드는 가구를 선택할 것이고. 게다가 제조 과정에서 조립 공정을 없애주는 역할도 하잖아. 그만큼 조립공의 임금과 조립비용이 덜 들어가니 더욱 싸게 팔 수 있게 되잖아. 세상에, 품질을 유지하면서 중저가에 가구를 공급할 길이 이렇게 가까이 있다니."

이 아이디어는 혁명적인 변화를 가져왔다. 이제는 조립된 가구는 하나만 샘플로 내놓든지, 아예 사진으로만 보여주고 나머지는 조립 이전 상태의 가구를 부위별로 모아 납작하게 포장해서 가게에 쌓아두고 팔 수 있게 됐다. 한정된 공간에 훨씬 많은 가구 샘플을 들여놓을 수 있게 된 것이다. 달리 말하면 많은 가구 종류를 고객에게 보여주기 위해 굳이 토지비용을 들여가며 거대한 매장을 만들 필요가 없게 된 것이다.

최종 조립은 집에서 손님들이 하도록 했다. 이렇게 판매하면 조립 비용이 들지 않아 그만큼 싼값에 가구를 팔 수 있겠지만 고객들이 과연 그런 불편함을 받아들일까. 캄프라드는 잠시 머뭇거렸다. 하지만 고객은 그렇게 게으르지 않았다. 고객들은 가구값을 덜 내는 대신 기꺼이 최종 조립을 손수 하는 번거로움을 감수했다. 같은 품질이라면 싼값을 택한 것이다. 혁신은 성공을 불렀다.

포장가구의 이케아라는 사업 아이템을 창안한 그는 몇 년이 지난 1976년 '가구 판매업자의 헌장'을 만들어 그의 경영가치를 정리했다. 상세한 사업 지침이기도 하다. 그는 검소함과 열정을 이케아의 사업 지침으로 내세웠다. 거기에는 이런 문구가 들어 있다. '우리 물건을 사지 못하거나 사지 않는 사람들에까지 우리 상품을 공급하는 것이 우리의 임무다. '불가능'이란 말은 우리 사전에서 지워버려야 한다. 영광스러운 미래를 위해 달려가자' 같은 품질의 제품의 원가를 줄여 싸게, 더욱 싸게 공급한다는 캄프라드의 모토가 여기에 담겨 있다. 이 모토는 DIY 가구를 처음 만들 때부터 그가 추구했던 가치다. 추구할 수밖에 없던 가치이기도 하다.

사업이 번창하면서 캄프라드는 또 다른 원칙을 확립했다. '고객과의 약속은 무슨 일이 있어도 지킨다'는 것이다. 이는 캄프라드가 성공에 이른 노하우 가운데 가장 핵심적인 것이다. 그가 이케아를 오늘날 세계적인 기업으로 키운 원동력의 하나이기도 하다. 특히 제품 소개 카탈로그에 한 번 표시한 가격은 1년 동안 어떤 일이 있어도 지켰다.

카탈로그를 보고 찾아온 손님에게 적힌 가격보다 올려서 파는 것은 약속 위반으로 생각했던 것이다. 다른 업자들은 흔히 그동안 경기가 나빠졌다거나, 원가가 올랐다든지 하는 이유로 가격을 수시로 바꿨다. 하지만 캄프라드는 1년간 무슨 일이 있어도 가구 가격을 카탈로그에 적힌 그대로 유지했다.

문제는 원가가 폭등한 상태에서 팔면 팔수록 손해를 볼 수밖에 없었다는 것이다. 캄프라드는 손해를 다른 방식으로 벌충했다. 판매사원들에게 이익별 인센티브를 지급한 것이다. 단순히 많이 판다고 인센티브를 더 준 게 아니었다. 인센티브는 매출액이 아닌 이익에 따라 차등 지급했다.

스토리라인 예시

이케아 관련 신문 기사를 스토리라인으로 요약해 보자. 다시 한번 강조하지만 핵심만 간결하게 표현하되 스토리 전개상 불필요한 부분은 과감히 제거해야 한다.

- 이케아는 가구 업체를 넘어, 인테리어상품·생활용품 등을 취급하는 종합 유통 업체임
  - 현재 세계 49개 시장/412개의 매장 운영
  - 2015년, 전 세계 10억 명 이상의 고객이 이케아 매장 방문
  - 창업자 캄프라드는 실업학교 졸업 후 이케아 설립
    - 사업 초기 시계, 스타킹, 넥타이 등 잡화를 우편 판매
    - 캄프라드는 군에 입대 후 장교로 근무하면서 통신판매업을 지속 운영
- 사업이 번창하면서 이케아는 직원을 채용하는 등 조직 및 사업 범위를 확대하는 한편 사업 전략을 재정비
  - 취급 제품을 가구와 생활용품으로 단순화 → 선택과 집중
    - 1950년대 스웨덴 정부는 서민 집 보급을 위해 100만 가구 건설을 추진 → 가구 판매업에 큰 기회
    - 하지만 스웨덴 가구는 소수만이 누릴 수 있는 고가품
  - 제품 전시장 설립 → 상품을 직접 보고 구매하고자 하는 고객 니즈를 충족
    - 더 나아가 전시장을 고객들이 와서 가구 관련 대화를 나누고 차를 마실 수 있는 휴식 공간으로 설계 → 소비자의 불만과 니즈를 파악
  - 중저가로 적절한 품질을 유지하는 제품 전략 수립
    - 고객이 스스로 조립하는 DIY 제품 전략으로서 조립 전 상태로 판매 → 물류비용 경감, 매장 면적 경감을 통한 임대료 절감, 이동 중 파손 감소 및 조립 공정 감소를 통한 생산비용 절감
- 사업이 확대되면서 경영가치와 사업 지침을 신규 수립
  - 경영 가치: 같은 품질의 제품의 원가를 줄여 싸게, 더욱 싸게 공급하

기 위한 지속적인 노력 경주

○ 사업 지침(소비자 최우선주의): 카탈로그 가격은 1년 동안 유지 → 원가 폭등할 경우 손해 보는 구조이지만 판매 사원 인센티브 개선을 통해 이익 보전

  ■ 인센티브를 매출액이 아닌 이익에 따라 차등 지급

자, 이제 신문 기사로 돌아가 다시 한번 읽어보자. 그리고 어떠한 부분이 어떻게 합쳐져서 하나의 단락으로 요약되었는지, 어떠한 문장은 과감히 배제되었는지를 확인해 보자.

같은 방식으로 다른 신문 기사를 스스로 요약해 보는 연습을 해 보자. 연습을 반복할수록 실제 보고서 작업할 때 스토리라인 작성이 훨씬 수월할 것이다.

CHAPTER 20

[프랙티스 2] 사업 턴어라운드 프로젝트 맛보기

그 해 프랑스 여름은 뜨거웠다

A 전자는 에어컨을 전문으로 하는 제조업체다. 국내 판매량 3위를 지속적으로 차지하면서 기술력과 마케팅 실력이 우수한 업체로서, 최근 미국 진출을 선언할 만큼 글로벌라이제이션(globalization)에도 신경을 쓰고 있다.

A 전자는 2000년 프랑스 시장에 처음 진출했다. 진출하자마자 2002년 프랑스에서는 폭염이 내려 여름 기간 동안 1만여 명이 더위에 허덕이다 사망하는 충격적인 사건이 일어났다.

[프랑스의 폭염]

프랑스인들은 원래 에어컨을 사지 않는 고객들로 유명하지만 불행스러운 사건으로 인해 A 전자의 에어컨은 불티나게 팔리기 시작했다. 특히, B2C보다 B2B 시장이 더욱 많은 판매량을 기록했으며 상가 건물 중심의 매출이 대부분이었다.

A 전자는 프랑스 시장에서 입지를 다져가기 시작했지만, 오랜 전통을 갖춘 일본 업체의 공고한 위치에 밀려 가성비가 좋은 업체로 포지셔닝되었다. 이에 반해, 업계 1위를 자랑하는 일본 D 업체는 신뢰성, 품질, 내구성 등의 이미지로 각인되어 있다.

역사적인 폭염으로 인해 프랑스 시장에서 최초로 점유율 10%를 달성한 해에 예상치 못한 사고들이 일어났다. 서비스 불량으로 인한 신고들이 쏟아지기 시작했는데, 한 달 만에 신고 접수가 30건을 넘기 시작했다. 아직 프랑스 시장에서 서비스망을 구축하기 전인 A 전자는 자사의 서비스 기사를 총 출동시켰던 것은 물론 아웃소싱 서비스 업체까지 동원했지만, 에어컨 수리는 제시간을 넘겨 고객의 아우성은 더욱 심해져 갔다.

셜록 홍부장

이에 본사 전략기획팀의 홍부장이 프랑스 시장의 이슈를 해결하기 위해 프로젝트팀을 구성하여 파견되었다. 홍부장은 얼마 전까지 M 컨설팅사에서 근무했던 재원으로 하버드 MBA를 Dean's list로 졸업한 이력을 갖고 있다.

M 컨설팅사에서는 국내 상위 그룹사를 대상으로 다수의 경영 진단 프로젝트를 하면서 회사 도처에 숨어 있던 이슈를 파악하고 곪아 있던 환부를 드러내는 작업에 성공하여 '셜록 홍부장'이라는 별명을 갖게 되었다. 하지만, 컨설팅사가 갖고 있는 '을'로서의 한계에 지쳐 국내 선도 전자업체로의 이직을 결심한 것이 바로 일주일 전인데, 입사 첫 주부터 상당히 까다로운 프로젝트를 총괄하게 된 것이다.

홍부장이 프랑스에 처음 도착하자마자 환영 회식이 열렸고,

법인장은 물론 강부장, 김대리 등 법인의 핵심 인물이 모두 모인 식사 자리가 마련됐다.

"본사에서 제조된 에어컨에 문제가 많습니다."

법인장이 어렵게 말문을 열었다.

"에어컨 모델이 10가지가 넘는데, 유독 X10 모델만 고장이 잦습니다. 같은 채널에서 판매되고 같은 설치기사가 설치하며, 같은 지역 고객이 사용하는데도 불구하고 이 모델만 자꾸 고장 나는 것을 보면 개발 단계에서부터 불량이 있었던 것 같아요."

곁에 있던 강부장이 거들었다.

"A 전자의 실패작이라는 오명이 자자합니다. 이제라도 늦지 않았다고 생각해요. 본사에서 전 제품을 회수하는 적극적인 조치가 필요하다고 봅니다."

이때, 본사 연구 개발팀에서 파견된 김대리가 반격하기 시작했다.

"법인장님, X10 모델은 프랑스뿐만 아니라 이탈리아, 스페인 등 서유럽 모든 지역에 동시 출시된 제품입니다. 프랑스를 제외하고, 다른 지역에서는 시장 점유율 3위 안에 들 정도로 완성도가 높은 제품입니다. 프랑스에서만 문제가 제기되는 것을 보면, 판매 채널 관리가 허술하거나 현지 설치 업체가 본사의 정책과 다르게 현장에 설치했을 가능성도 있습니다."

본사 출신의 R&D 전문가와 현지 주재의 마케팅 전문가가 첨예하게 대립하기 시작했다. 하지만 근본적인 원인 파악이 되지 않은 상황에서 양측의 오해와 갈등의 골은 더욱 깊어져만 가는 상황이었다.

홍부장은 가장 먼저 고객의 이야기를 들어보기로 했다. 사업을 시작하거나, 전략기획을 하거나, 컨설팅을 하거나 가장 중요한 것은 고객의 목소리를 경청하는 것에서부터 시작하는 것이다.

모든 문제의 정답은 고객이 갖고 있다

빌 게이츠(Bill Gates)는 불만에 가득 찬 고객의 중요성을 다음과 같이 강조했다.

"가장 큰 불만을 가진 고객은 가장 위대한 배움의 원천이다."

빌 게이츠의 격언을 마음속에 담은 채 홍부장은 컴플레인을 가장 신랄하게 하기로 유명한 고객 중 하나인 파리 시내 상가 건물의 에어컨담당자를 만나기로 했다.

간단히 악수를 나눈 후 고객은 차분하게 말문을 열었다.

"A사 제품은 가성비는 물론, 디자인과 유저 인터페이스가 정말 훌륭합니다. 구매하자마자 사용하기가 정말 쉽다는 사실을 깨닫고 후회 없는 구매를 했다고 자부했습니다.

하지만 시간이 지나며 성능이 슬슬 저하되는 모습이 보였습니다. 특히, 두 달 전 점심때 작동했을 때는 세 번 중 한 번꼴로 중간에 작동이 멈추기 일쑤였어요. A/S를 해야 하나 환불을 요청해야 하나 고민하던 시점에 결국 제품이 고장 났습니다. 고객센터에 전화해 보니, 일주일을 기다려달라는 말도 안 되는 답변만 한 달째 반복됐습니다. 정말 화가 났지요."

홍부장은 고객의 냉랭한 반응에 기대했던 것 대비 더욱 큰 충격을 받은 것은 물론 처음 문제를 제시받았을 때보다 큰 호기심이 밀려왔다.

"프랑스 시장에서 A사의 가장 큰 경쟁사는 어디지요? 그 경쟁사는 어떠한 이미지입니까? 실제 사용 경험은 어떠한가요?"

고객이 눈을 번쩍이며 답변을 시작했다.

"일본의 D사가 제일 잘 나가지요. 그 회사는 신뢰성과 내구성의 상징입니다. 사실 다른 업체 제품보다 20% 이상의 프리미엄이 붙어요. 하지만 그만큼 제품의 품질이 가장 우수하며 고장이 났을 때도 제때 맞춰서 수리가 되니 믿고 쓸 수 있는 브랜드죠."

법인에 돌아오는 길에 홍부장의 머릿속에 만감이 교차하기 시작했다. 본사와 법인의 의견을 들어보면, 이슈가 제품 성능 자체의 문제인지, 법인의 판매와 설치 및 서비스 조치의 문제인지 뚜렷하지 않은 상황이다. 명확한 이해 없이 한쪽의 편을 들었다간 반대쪽 입장에서 거세게 항의할 것이 불을 보듯 뻔한 형국이다.

핵심 질문 작성, 가설 수립 및 작업 계획 수립을 일사천리로 진행하다

홍부장은 M컨설팅사에서 숙지한 핵심 질문 작성하기를 통해 현상과 이슈를 고민해 보기로 했다.

1. 고객의 핵심구매요인(Key Buying Factor, KBF)과 A 전자의 제품 offerings 간 차이점은?
2. 본사에서 현지 설치 업체까지 이어지는 프로세스상 가장 큰 병목현상(Bottle neck)은 무엇인가?
3. 경쟁사는 A사 대비 어떠한 점이 차별화되었는가?

핵심 질문을 작성해 보니, 분석해야 할 영역이 명확해진 것은 물론 가설이 떠오르기 시작했다.

본사와 법인이 서로에게 품질 문제가 있다고 떠넘기는 상황에서 제품 개발 단계에서부터 판매 및 설치/수리 단계를 그려보면 각각의 당사자에게 생각지 않은 이슈가 발견될 것이다.

이러한 프로세스를 경쟁사와 비교해 보면, 당사에 이슈였던 영역이 경쟁사 입장에서 핵심 경쟁력일 가능성이 있다. 결국 경쟁력의 원천은 고객의 불편(Unmet Needs)에서부터 시작하기 때문이다.

머릿속에 떠오른 가설을 바탕으로, 피라미드 방식에 따라 이슈 트리를 그려보기로 했다.

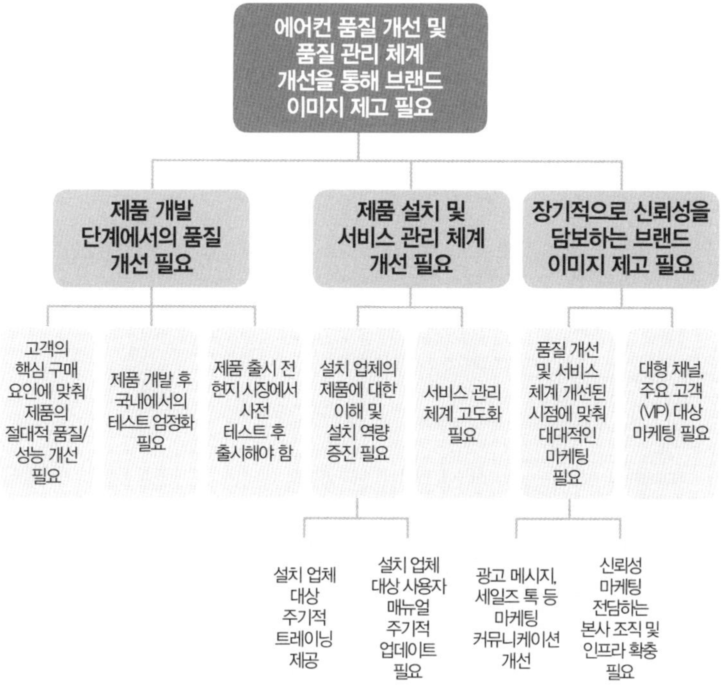

[에어컨 이슈 트리]

이슈 트리를 적절한 작업 단위로 분배한 후 최종 보고 일정과 중간 리뷰 일정에 맞춰 작업 계획을 수립하였다. 홍부장이 모든 작업을 다 할 수 없기 때문에 법인과 본사 내 적절한 담당자를 주요 업무별로 배치하였다.

가설 검증 단계에서 암초를 만나다

가설 검증을 위해 프랑스 고객의 핵심 구매 요인과 구매 프로세스를 점검해 보기로 했다. 프랑스 법인에서 주로 이용해오던 리서치 업체를 통해 프랑스 기업 고객 30개의 에어컨/난방 설치 담당자와 포커스 그룹 인터뷰를 통해 분석 작업에 들어갔다. 3주 뒤 매우 흥미로운 결과가 나왔다.

프랑스 기업 고객에게 '에어컨 제품 구매 시 중요하게 생각하는 요인들을 제시하고 5점 척도로 그 중요성을 평가해 달라'고 요청하였다. 다음은 평균 점수가 큰 순서대로 요인을 나열한 결과이다.

제품 품질의 신뢰성/내구성	4.5
성능의 우수성	4.3
Track record	4.0
Easy to use	3.5
가성비(Value for Money)	3.0
제품 디자인	2.5

이와 동시에 주요 업체들이 각 핵심 구매 요인별 얼마나 잘하고 있는지에 대한 고객의 인지도를 5점 척도로 측정하였다. 다음

은 요인별 업체의 점수 결과이다.

	A	B	C	D
제품 품질의 신뢰성/내구성	1.5	3.0	4.0	4.5
성능의 우수성	20	3.5	4.3	4.7
Track record	2.2	3.0	4.0	4.8
Easy to use	4.0	3.5	4.0	4.0
가성비(Value for Money)	4.5	3.5	2.5	2.0
제품 디자인	3.5	3.0	3.0	3.0

요약하자면, 고객이 중요하게 생각하는 KBF에서 A사는 경쟁사 대비 열위에 있는 반면, 중요성이 다소 낮은 영역에서는 경쟁사 대비 우위에 있는 상황이다.

두 번째로 지난 3년간 프랑스 법인에서 발생한 제품 고장 신고 및 수리 이력 원천 데이터를 수집하여 분석해 보기로 하였다. 내부 데이터 관리의 가장 큰 문제는 고장 발생 신고 접수 데이터는 법인에서 ERP 시스템으로 관리하고 있는 반면, 서비스 수리 내역은 외부 서비스 업체가 수기로 관리하고 있다는 점이었다. 이 두 데이터를 모델명을 기준으로 접합하여 분석해 보니 다음과 같이 놀라운 결과가 발견되었다.

먼저, 지난 3년간 프랑스 법인에서 일어났던 고장 불량 신고 접수 건수 기준 1위는 앞서 법인장 등 내부 인력이 지적했듯이

X10으로 전체 고장 접수의 40%를 차지했다. 악명을 익히 들어 알고 있었지만 생각했던 것 이상으로 매우 높은 수치임이 틀림없다. 그리고 B30이라는 모델이 15%로 2위를 차지했다.

더욱 놀라운 것은 전체 고장 신고가 프랑스 북부 지역에 몰려 있었으며, 특히 1월과 2월 겨울철에 집중되었다는 사실이다.

에어컨을 겨울철에 가동한다고?

A사의 에어컨 제품을 가장 많이 취급하는 중소 설치 업체의 대표를 찾아 사건의 내막을 들어보기로 했다.

"아시다시피 프랑스는 원래 에어컨을 잘 구매하지 않아요. 하지만 몇 년 전 있었던 폭염으로 인해 오피스텔과 상점 등 여러 빌딩에서 에어컨을 구매했으나, 폭염이 지나고 나서는 에어컨으로 활용하는 경우는 거의 없었습니다. 오히려 추운 지역 고객들은 겨울철에 에어컨을 난방용으로 사용하는 것이 대부분이에요."

커피를 한 모금 마시며, 그는 말을 이었다.

"사실 A사 모델이 난방 기능에 문제가 많았던 것 같아요. 특히, 습도가 일정 수준 이상이 되는 습한 지역에서는 젬병이라는 거예요. 프랑스 북부 지방이 겨울철에 저온다습한 환경이 찾아오는데, A사 에어컨을 사용하다가 제품이 고장 났던 경우가 많았습니다.

하지만 문제는 고장 난 이후 대응 체계에 있었어요. 제품 고장 신고를 법인에 직접 신고하기보다는 법인과 거래 관계에 있는 서비스 업체로 하다 보니, 서비스 업체가 초기 대응하다 1주일 정도 시간이 흐르고, 서비스 업체가 법인에서 신고 후 법인 기술 담당자가 현장에 나가 조치하다가 막상 해결 방안을 찾지 못해 본사 연구소에 신고하게 되고, 법인과 본사 간 시차가 존재하는 상황에서 커뮤니케이션이 여러 번 오가다 보니 오랜 시간이 소요되었죠.

더 나아가 한국의 연구소에서조차 냉방 기능 중심의 대응 매뉴얼에 익숙하다 보니 저온다습한 환경에서 일어나는 난방 문제에 있어서는 제품 컨디션을 새로이 세팅하고 실험해 봐야 하는 등 시간이 오래 걸렸다는 소문이 있어요. 1차 해결책을 현장에 적용해 보고 실패하게 되면 2차 해결책을 다시 본사 연구소에서 실험해 보고 현장에 적용해 보는 등 Try and Error를 반복한 것이죠.

결국 문제에 대한 최종 해결책을 찾았을 때는 이미 따뜻한 봄

날이 시작하는 3월 초에 이르게 되었습니다. 추운 겨울철 난방 기능이 고장 난 상점 건물을 생각해 보세요. 해당 건물주가 당사를 고소했던 것은 물론, 지역 내 부정적인 소문이 삽시간에 퍼졌습니다."

"아, 그렇군요. 방금 이야기하신 난방 설비 고장 문제 케이스가 X10 모델을 말씀하시는 거죠? 법인 사람들 말처럼 문제가 정말 심각하군요."

설치업자는 의아하다는 표정으로 고개를 절레절레 저으며 대답했다.

"아니에요. 난방 기능 문제를 일으킨 제품은 B30입니다. X10은 저희도 문제를 자주 접수하긴 하지만 대부분 설치 과정에서 비롯된 배선 불량 혹은 누수 등 해결이 비교적 쉬운 단순 고장이 대부분이에요. 건수는 많지만 빨리 수리가 되니까 고객 불만이 높지는 않습니다."

법인 내부에서 인식하고 있는 문제와 설치 업체가 느끼는 문제의 온도 차가 극명하게 대비되는 순간이었다.

홍부장은 법인으로 돌아와 설치업자가 말한 이야기가 사실인지 아닌지를 검증해 보기 위해 다시 내부 데이터를 살펴봤다. 각 고장 이력별 최초 고장 접수 시점부터 수리가 완료된 시점까지의 리드타임을 일수로 조사해 보니, X10의 경우 평균 1일이었던 반면 B30의 경우 평균 10일이었다. 더 나아가 B30 고장 접수 건 중 1건은 90일을 초과하기도 하였다. 앞서 설치업자가 말한 겨울을 난방기 없이 보내야 했던 고객사의 사례로 보인다.

법인 내부적으로는 고장 건수 기준으로 데이터를 관리하다 보니 실제로는 고객이 더욱 큰 불만을 가지게 된 서비스의 리드타임에 대해서는 등한시한 것으로 보인다. 더 나아가 X10의 불량 문제 역시 배관과 누수 문제인 것으로 볼 때 제품 자체의 문제인지 설치의 문제인지 명확히 검증해 볼 필요가 있는 것으로 보인다.

홍부장은 품질 문제를 조금 더 자세히 이해하기 위해 한국 내 연구소 및 공장에서부터 프랑스 법인, 프랑스 내 판매 채널, 프랑스 내 서비스 네트워크 그리고 다시 본사의 품질관리팀에 이르기까지 조직별로 담당하는 업무의 프로세스를 도식화해 보기로 했다.

이럴 경우 어느 조직이 어떠한 이슈에 대한 책임이 있는지 소재를 명확히 파악할 수 있기 때문이다. 더 나아가 프로세스별 Best Practice를 알아보기 위해 프랑스 내 경쟁사 B, C, D 출신의 퇴사 임원들을 인터뷰하였다.

병목 현상이 발생하는 이유는 크게 3가지가 있는데, 프로세스가 꼬여 있거나 업무 담당자의 수가 부족하거나 혹은 업무 담당자의 역량이 부족하거나이다. 프로세스가 꼬여 있다면 이를 풀어줘야 하고, 업무 담당자 수가 부족하다면 추가 채용 및 타 부서의 인력 이동 배치가 필요하며 역량이 부족할 경우 교육/트레이닝 혹은 숙련된 인력으로 교체 등의 해결 방안이 가능할 것이다.

각 업무 주체별, 주요 업무별 프로세스를 그려보니, 다음과 같이 4가지 근본 원인(Root Cause)이 발견되었다.

첫째, 제품 개발 단계에서 제품의 성능 테스트 품질과 양이 미흡했다. 본사 연구소에서는 난방 기능 중심의 성능 테스트가 주를 이뤘고 냉방 기능에 대한 성능 테스트는 부재했다.

반면, 일본 업체인 D사는 프랑스 옆 벨기에에 현지 공장을 건설하여 현지 맞춤형 연구 개발 및 생산을 하고 있었으며, 난방은 물론 냉방 기능까지 현장에서 1만 시간 이상 테스트 후 제품을 출시하고 있었다. 더 나아가, 최근에는 실제 사용 환경과 동일한 세팅을 구현하기 위해서 테스트 하우스라 불리는 가정집을 3채 운영하고 있다. 테스트 하우스는 신제품 출시 전 일반 가정집에 D사의 시제품을 설치하고 1년 내내 실제 고객이 해당 제품을 사용하게 하는 것이다. 이에 따라, 실제 사용 환경하에서 제품의 성능과 품질 이슈를 사전에 파악할 수 있는 것이다.

둘째, 에어컨 설치 업체의 역량에 이슈가 있었다. A사가 거래하는 설치 업체는 상대적으로 영세한 업체들로서 설치 역량이 높지 않은 수준이다. 더 나아가 프랑스 법인의 설치 관련 교육이 충분하지 않아 설치 업체가 매뉴얼과 다르게 설치하여 제품이 고장 나는 경우도 상당수 있었다.

반면, D사는 대형 설치 업체와 오랜 거래 기간을 바탕으로 설치 업체의 역량이 높은 것은 물론 설치 업체가 D사의 제품을 잘 알고 있기 때문에 설치 불량이 거의 발생하지 않는다.

셋째, 에어컨 서비스 업무의 외주 구조에 문제가 있었다. 앞서 법인장이 언급한 것처럼 에어컨 서비스를 외주로 돌리다 보니 고객 현장에서 일어나는 제품 불량 문제를 A사가 신속하게 파악하지 못하는 문제가 있었고 더 나아가 초동 대처의 품질과 신속성이 떨어졌다.

이에 반해, D사는 에어컨 서비스 인력을 내재화하여 직접 운영함으로써 서비스의 품질과 신속성을 담보하고 있다.

마지막으로 프랑스 현지 법인의 1차 대응 역량이 미흡했다. 프랑스 법인에서는 한국에서 파견된 대리급 인력이 품질 관리 업무를 담당하고 있었으나, 본 담당자가 일부 에어컨 제품에만 지식과 경험이 있어 감당할 수 있는 업무 수행에 한계가 있었다. 따라서 현지에서 1차 대응하는 업무가 매우 제한적이었으며 대부분의 업무를 본사 연구소 인력에 의존하는 상황이었다.

홍부장은 현재까지 파악된 현상과 이슈를 중심으로 1차 중간 보고 자료를 만들어 유럽 지역본부장 및 에어컨 담당 사업 본부장에게 보고하기로 결심하였다.

스토리라인과 막덱으로 승부 굳히기

홍부장은 슬라이드 작성에 앞서 다음과 같이 스토리라인을 작성하였다.

- 프랑스 에어컨 시장은 2002년을 정점으로 최근 3개년간 지속 하락 추세
    - 전체 시장 중 B2B 부분이 90% 이상으로서 시장 성장주도
- 프랑스 에어컨 시장은 일본 업체가 상위권을 형성하는 가운데 국내 업체 중 A사가 5~6위권을 형성
    - 일본 업체는 프랑스 에어컨 시장에 20년 전 진출하여 꾸준히 상위권 점유율을 유지
    - 국내 업체는 3년 전 진입하여 폭발적인 매출 성장세를 시현
    - 최근 중국 업체의 시장 진출로 인해 국내 업체의 점유율 감소 중

- 프랑스 에어컨 시장은 대형 설치 업체(Installer)가 시장을 주도
    - 대형 설치 업체는 일본 업체 제품 위주로 취급
    - 반면, 국내 업체는 중소형 설치 업체 및 양판점(Distributor) 거래 중심
- 대형 설치 업체는 에어컨 설치 기술이 뛰어나며 자체 서비스 역량 보유
    - 이에 반해 중소형 설치 업체는 설치에 대한 노하우가 부족
    - 더 나아가, 양판점의 경우 설치에 대한 노하우가 부족한 것은 물론 서비스를 외주 주는 구조
- B2B 고객의 의사결정을 보면, 대형 설치 업체와 컨설턴트가 높은 영향력 보유
    - 1억 원 미만의 에어컨 설치 프로젝트에서는 대형 설치 업체가 90% 이상의 의사결정 권한 보유
    - 1억 원 이상의 프로젝트에서는 컨설턴트가 90% 이상의 의사결정 권한 보유
- B2B 고객의 핵심구매요인(Key Buying Factors)을 보면, 제품 품질의 신뢰성/내구성(4.5)을 가장 중시함
    - 그 외, 성능의 우수성(4.3) → Track record (4.0) → Easy to use (3.5) → 가성비 (3.0) → 제품 디자인 (2.5) 순서임
- 일본 업체는 신뢰성/내구성 및 성능 등에서 우수한 반면 A사는 Easy to use, 가성비와 제품 디자인에서 우수
- 업계 선도 업체인 일본 D사의 경우 근육질의 백인 남성의 이미지인 반면, A사의 경우 20대 커리어 우먼의 이미지임
- A사는 최근 3년간 제품의 불량에 따른 품질 이슈에 직면
    - 프랑스, 이탈리아, 스페인 중 프랑스 법인의 품질 이슈가 압도적으로 높은 수준
    - 특히, 프랑스 시장에서 가장 많이 팔린 2개의 모델이 품질 문제의 대부분을 차지

- X10의 경우, 전체 불량 건수의 40%를 차지하지만 단순 불량 중심임(Lead-time 평균 1일)
- B30의 경우, 전체 불량 중 15%를 차지하나 Lead Time이 60일 이상도 존재 → 북부 지역의 난방 설비 고장 사례

- A사의 상품기획, R&D, 생산에서 현지 법인의 판매, 설치, 서비스까지 이어지는 프로세스에서 다수의 병목현상이 관찰
- 이에 따라, A사의 경우 4가지 주요 이슈가 관찰됨
    - //
- 반면, 경쟁사의 경우 A사의 4대 이슈 영역 관련 선도적인 움직임으로 효과적으로 대응 중
- 고객의 요구 조건을 근간으로 베스트 프랙티스를 관찰한 결과 5대 개선 영역이 도출

…

스토리라인을 바탕으로 우선 법인장 및 본사 에어컨 담당 사업부장과 커뮤니케이션하였고, 양측의 동의를 얻어냈다. 합의된 스토리라인에 따라 막덱을 그린 후, 담당자들에게 슬라이드 작성을 부탁했다. 각 담당자가 그려온 최종 슬라이드를 홍부장이 다시 한번 다듬고 편집한 후 최종 슬라이드를 완료하였다.

1차 보고를 위한 최종 슬라이드 중 일부를 예시로 들면 다음과 같다. 일부 내용은 sanitize 한 점 양해를 구한다.

프랑스 에어컨 시장 내 목표 및 지향점

2위권 업체 진입을 목표로 할 때, 현재 대비 3배 이상의 매출액 신장이 요구됨

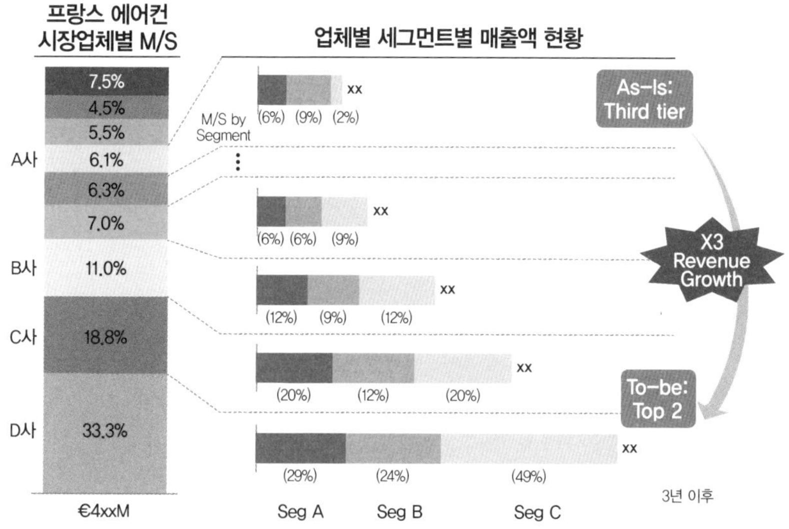

출처: 내부 데이터, 고객 인터뷰

[1차 보고 슬라이드 예시 1/3]

프랑스 법인의 현 상황 (1/2)

유럽 내 주요 3개국 중 프랑스가 가장 심한 품질 문제를 겪고 있으며 리드타임 역시 압도적으로 높은 수준

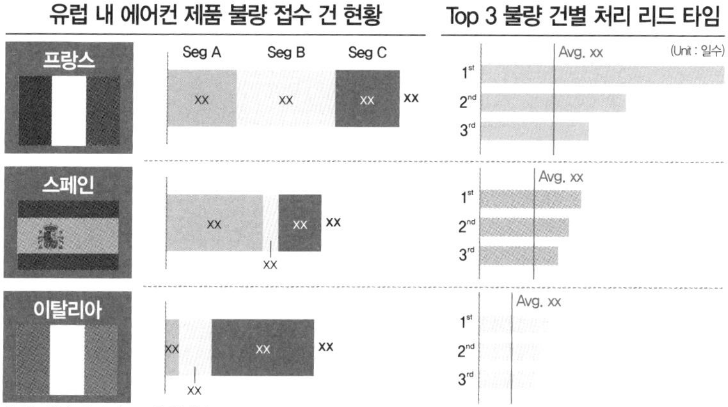

출처: 내부 데이터, 고객 인터뷰

[1차 보고 슬라이드 예시 2/3]

프랑스 법인의 현 상황 (2/2)

제품 개발 및 테스트 단계, 설치 단계, 솔루션 도출/커뮤니케이션 단계 및 서비스 접수/현장 적용 단계 등 전 프로세스에 걸쳐 다양한 이슈가 상존

한국 본사와 유럽 현지 법인 간 품질 문제 이슈 프로세스 매핑

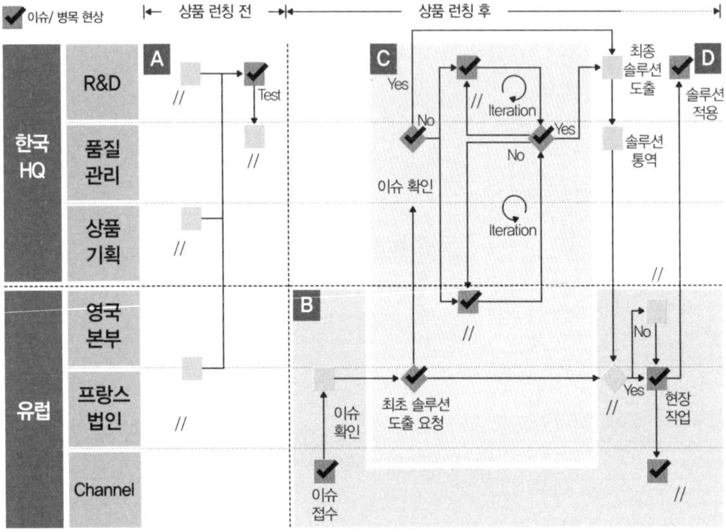

출처: 내부 데이터, 고객 인터뷰

[1차 보고 슬라이드 예시 3/3]

프레젠테이션의 시간이 다가오다

1차 중간 보고는 유럽 판매 지역 본부장과 본사 에어컨 사업 본부장을 온라인으로 삼자 연결하여 프랑스 법인에서 진행하기로 되었다. 대면 보고가 아니라 더욱 철저한 준비가 요구되는 세팅이었다.

앞서 언급한 것과 같이 본 프로젝트는 프랑스 에어컨 시장에서 일어난 품질 관련 이슈에 대해서 본사 연구 개발 인력과 법인 영업 인력 간 갈등의 골이 깊어진 상황에서 시작되었다. 따라서 감정적인 언쟁을 최대한 피하기 위해서 최대한 사실 중심으로 문제를 언급하며, 양 측의 밸런스를 잘 맞추는 것이 무엇보다도 중요하다. 특히, A사의 전체 비전과 미션에 비추어 어느 방향으로 나아가는 것이 현명한지 공감대를 이끌어내는 것이 프로젝트의 성패를 가늠할 것이다.

보고에서 앞서, 홍부장은 보고서의 첫 장을 띄우지 않고 A사의 고유 색인 초록색 배경 화면을 띄워 놓았다.

모든 이해관계자가 온라인에 접속하였고, 보고가 시작되었다.

"안녕하십니까. 프랑스 에어컨 사업 턴어라운드 프로젝트를 총괄하고 있는 홍부장입니다. 금일 보고에 참여해 주셔서 대단히 감사합니다. 보고를 시작하도록 하겠습니다."

홍부장이 버튼을 누르자, 초록 배경 화면이 걷히고 A사가 50년 전 처음 개발했던 에어컨 제품이 흑백 사진으로 등장했다. 창업주가 임직원들과 함께 공장에서 찍은 사진으로 모두가 자신 있는 표정으로 환하게 웃고 있었다.

"전자 제조업의 불모지였던 이 땅에서 당사는 50년 전 국내 최초로 에어컨을 출시했습니다. 그때만 해도 성능과 디자인 관점에서 일본이나 미국 제품에 비하면 부족한 것이 많았으나 우리 손으로 직접 개발하여 만들었다는 것에 모두가 자긍심을 가질 수 있었습니다. 그 피땀 어린 노력과 열정이 꾸준히 이어져 지금 우리는 이 위치까지 설 수 있었던 것입니다.

오늘 우리는 프랑스 에어컨 사업에 있어 굉장히 중요한 내용을 살펴볼 것입니다. 어떤 내용은 본인의 생각과 다르거나 혹은 불쾌한 내용이 나올 수도 있을 것입니다. 하지만, 단언컨대 금일 보고 내용은 과거의 잘잘못을 갈라 누군가에게 손가락질을 하기 위한 것이 결코 아닙니다. 프랑스 에어컨 사업을 한 단계 업그레이드하기 위한 미래지향적 내용이 본 보고의 초점임을 미리 강조하고 싶습니다.

50년 전 선대 회장께서 당사 최초의 에어컨을 개발하며 고객 삶의 질을 한 단계 개선하고자 했던 그 원대한 꿈과 비전을 가슴에 새기며, 보고를 시작하도록 하겠습니다."

1시간 남짓 진행된 보고는 매우 성공적으로 진행되었다. 유럽 지역 본부와 에어컨 사업 본부는 그간의 이슈 및 상황에 대해서 모두 명확하게 이해할 수 있었으며, 향후 남은 4주의 기간 동안 최적의 솔루션을 도출하여 실행해나갈 것을 합의하였다.

심리 속의 심리상자 5

단순함의 미학

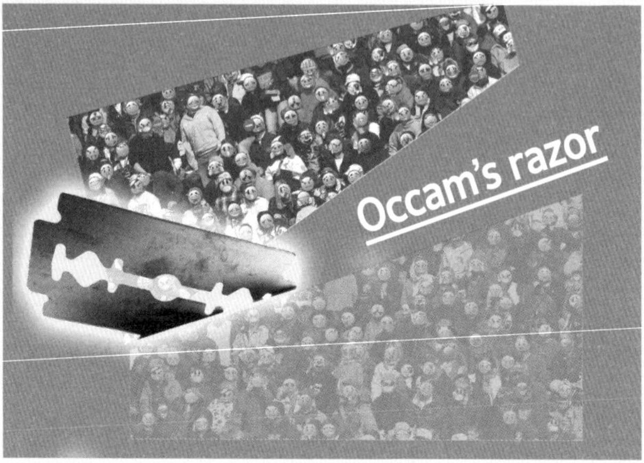

오컴의 면도날 법칙(Law of Occam's Razor)은 수학이나 과학에서 설득력 있는 가설을 정할 때 주로 사용해왔다. 같은 상황을 설명하는 두 개의 가설이 있다면 더 간단하고 명료한 쪽을 선택하라는 것이다. 불필요한 가정은 면도날로 잘라버리라는 뜻이다.

까맣게 타버린 나무가 있다고 해 보자. 이 나무를 두고 벼락에 맞았다고 할 수도 있으나, 누군가가 까맣게 그슬려놓고 사람이 태운 흔적을 없앴다고도 할 수 있다. 그런데 이 경우 나무는 벼락에 맞았다고 생각하는 쪽이 옳다는 것이다. 누군가가 일부러 까맣게 태웠다고 가정할 경우 불필요한 경우의 수가 늘어나기 때문이다.

일본의 한 비누 회사에서 박스 안에 비누가 들어 있지 않은 사고가 발생했다고 한다. 이 회사는 공정의 마지막 과정에 X-선 감시기를 설치해 비누 상자 안을 모두 감시한 후에 내보냈다. 꼼꼼하고 세심한 작업이었다. 그러나 다른 중소기업에서는 같은 문제를 선풍기 설치로 해결했다. 공정의 마지막에 선풍기를 설치하여 빈 박스를 바람에 날려버린 것이다. 박스 안에 비누가 들어 있으면 바람에 날아가지 않을 것이기 때문이다. 같은 문제를 간단하게 푼다는 것은 이런 것이다.

즉, 오컴의 면도날 법칙은 우리에게 단순함과 고효율의 소중함을 알려준다. 이 법칙을 삶에 적용한 후에는 더 이상 업무와 문제가 골치 아픈 것이 아니게 된다. 모든 일을 단순하게 생각한다면 간단하게 풀어나갈 수 있을 것이다.

이 장에서 설명한 스토리라인 작성법도 마찬가지이다. 복잡하고 난해한 사항을 여러 가지로 어렵게 기술하는 것은 누구나 다 할 수 있는 일이다. 복잡하고 오묘한 특성들을 단순한 스토리라인으로 구축해 설명했을 때 대중은 열광하며 반응하게 될 것이다.

| 에필로그 |

지금까지 우리는 컨설턴트가 어떻게 사고하고, 어떻게 슬라이드를 그리며 어떻게 프레젠테이션 하는지 여러 가지 이론과 사례를 통해 알아봤다. 이 책을 처음 접한 순간과 현재를 비교해 보면 어떠한가? 그동안 막연하고 어렵게 느껴졌던 컨설턴트들의 문제해결 방법이 이제는 어느 정도 선명하게 다가올 것이라 믿는다. 그것도 심리학이라는 새로운 무기를 장착한 채 말이다.

비즈니스 현장의 일반적인 업무 현장을 떠올려보면, 대부분 머릿속에 있는 지식과 정보를 효율적으로 처리해 내는 것에 급급한 것이 사실이다. 하지만, 이처럼 '로지컬 씽킹'에 매몰되다 보면 자신이 마주하고 앉아있는 경영진, 직장동료 혹은 Client가 오묘한 감정과 심리 체계를 갖춘 인간이라는 점을 망각하곤 한다.

다음과 같이 몇 가지 당부 사항을 전하고자 한다.

첫째, 회사에서든, 일상생활 속에서든 새로운 문제를 접하게 되는 순간 컨설턴트처럼 사고하는 연습을 해 보자. 이때 중요한 것은 기계적인 프레임과 사고의 흐름에 맞춰 데이터와 정보를 소화하는 것이 아니다. 이 문제를 제시한 고객사, 경영진의 마음 속에 어떠한 심리가 자리잡고 있는지 파악하는 것이 더욱 중요할 것이다.

둘째, 슬라이드를 그리는 작업 역시 좌뇌와 우뇌의 조화가 이뤄질 수 있도록 연습하자. 즉, 사람의 마음을 사로잡는 스토리라인이 필요하며 피땀 어린 스케치 작업이 수반되어야 한다. 또한, 창조적 슬라이드를 작성하기 위해서 농구의 피봇 플레이처럼 좌뇌를 주축발로 하되 우뇌를 자유자재로 옮겨가며 상상력의 폭을 넓혀나가야 한다.

마지막으로 로지컬 씽킹과 심리학이 복합적으로 반영된 프레젠테이션을 실천해 보자. 프레젠테이션에 앞서, 청자의 가슴을 설레게 하는 감성적인 이미지와 멘트로 보고를 시작해 본 적이 있는가? 청자와 공감대가 형성되고 청자들이 마음의 문을 열기 시작하면, 생각보다 보고가 쉽게 진행되는 것을 깨닫게 될 것이다.

차가운 두뇌로 생각하되, 뜨거운 가슴으로 말해야 하는 것이다.

앞서 언급했듯이, 좌뇌와 우뇌를 함께 사용하는 사람이야말로 4차 산업혁명시대에서 요구하는 진정한 복합 문제해결자이다.

모든 비즈니스 문제의 가장 올바른 정답은 언제나 '냉정과 열정 사이' 그 어느 지점엔가 놓여 있다. 그 스위트 스폿(sweet spot)을 찾기 위해 부단히 노력한다면 언젠가는 그 지점에 더욱 수월하게 도착해 있는 자신을 발견할 것이다.

| 참고문헌 |

1. 美 한인2세 권율, CBS 리얼리티쇼 '서바이버' 우승, 연합뉴스, 2006.12.8
2. 에단 라지엘, 맥킨지는 일하는 방식이 다르다, 김영사, 1999
3. 다음의 내용을 참조하였다. https://brunch.co.kr/@brunchjwshim/56
4. 김용성, [시론] 문제해결 능력 없는 우리나라 성인들, 중앙일보, 2017.7.13
5. 고영성, 신영준, 일취월장, 로크미디어, 2017
6. 강윤화, 소심하거나 싫증 내거나…자신의 결점과 이별 고하는 방법, 일요신문, 2018.2.1
7. 고영성, 신영준, 일취월장, 로크미디어, 2017
8. 리처드 루멜트, 전략의 적은 전략이다, 생각연구소, 2011
9. 스튜어트 다이아몬드, 어떻게 원하는 것을 얻는가, 세계사, 2011
10. 스튜어트 다이아몬드, 어떻게 원하는 것을 얻는가, 세계사, 2011
11. 로버트 루트번스타인, 미셸 루트번스타인, 생각의 탄생, 에코의 서재, 2007
12. 피터 드러커, 경영의 실제, 한국경제신문, 2006
13. 다음의 내용을 참조하였다. https://blog.naver.com/jgs0207/20133654130
14. Chapter 5는 전반적으로 다음의 책을 참조하였다. 후나카와 아쓰시, 생각의 습관에 날개를 달아라, 랜덤하우스 코리아, 2006
15. 애비너시 딕시트, 배리 네일버프, 전략의 탄생, 쌤앤파커스, 2009
16. 마크 W 존슨, 혁신은 왜 경계 밖에서 이루어지는가, 토네이도, 2011
17. 피터 드러커, 경영의 실제, 한국경제신문, 2006
18. 전요섭, 황미선, 생활속의 심리효과, 좋은 나무, 2007
19. 에단 라지엘, 맥킨지는 일하는 방식이 다르다, 김영사, 1999
20. 미타치 다카시, BCG 전략 인사이트, 영림카디널, 2005
21. 윤석철, 삶의 정도, 위즈덤 하우스, 2011
22. 고영성, 신영준, 일취월장, 로크미디어, 2017
23. 노승환 기자, [축덕살롱] 4. 리버풀 이스탄불의 기적 vs 바르샤 캄프누의 기적, 금강일보, 2017.3.10
24. 진 리드카, 팀 오길비, 디자인 씽킹, 경영을 바꾸다, 초록비 책공방, 2016)
25. 리처드 루멜트, 전략의 적은 전략이다, 생각연구소, 2011
26. 신정근, 고전 통해 세상 읽기, 日新又日新, 서울경제, 2018.1.19
27. 제프 다이어, 이노베이터 DNA, 세종서적, 2012
28. 다음의 내용을 참조하였다. http://terms.naver.com/entry.nhn?docId=1169187&cid=40942&categoryId=33054
29. 다음의 내용을 참조하였다. http://terms.naver.com/entry.nhn?docId=795142&cid=46648&categoryId=46648
30. 다음의 내용을 참조하였다. https://ko.wikipedia.org/wiki/%ED%94%BC%EB%84%88%EC%B8%A0
31. 한국만화사 산책, 살림출판사, 2005
32. 다음의 내용을 참조하였다. http://post.naver.com/viewer/postView.nhn?volumeNo=13821310&memberNo=27875303
33. 디드로 효과 [Diderot Effect], 두산백과
34. 윤석철, 삶의 정도, 위즈덤 하우스, 2011
35. 전요섭, 황미선, 생활속의 심리효과, 좋은 나무, 2007
36. 김민주, 시장의 흐름이 보이는 경제 법칙 101, 위즈덤하우스, 2011
37. 임춘성, 매개하라, 쌤앤파커스, 2015
38. 다음의 내용을 참조하였다. https://medium.com/@hyey1993/모방과 창조의 차이
39. 뤼크 드 브라방데르, 앨런 아이니, 아이디어 메이커, 청림출판, 2014
40. Chapter 16은 전반적으로 다음의 책을 참조

하였다. 폴 J. 켈리, 스토리텔링 프레젠테이션, 멘토르, 2005
41. 문영미, 디퍼런트, 살림비즈, 2011
42. 로버트 치알디니, 설득의 심리학, 21세기북스, 2013
43. 박경철, 자기혁명, 리더스북, 2011
44. 지단 "월드컵 박치기 사건, 자랑스럽지 않다", 골닷컴, 2017.9.4
45. 민지현 기자, 역대 '007 시리즈' 오프닝의 변천사, 일요신문, 2015.11.23
46. 초두효과 [Primacy effect, 初頭效果], 두산백과
47. 기승전결 [起承轉結], 문학비평용어사전, 국학자료원, 2006. 1. 30
48. 점층법 [漸層法, Climax], 문학비평용어사전, 국학자료원, 2006. 1. 30
49. 윤경식 기자, 호날두, 훈련서 또 오버헤드킥...2경기 연속 골 도전?, 인터풋볼, 2018.4.8
50. 전요섭, 황미선, 생활속의 심리효과, 좋은 나무, 2007
51. 제럴드 파나스, 앤드루 소벨, 질문이 답을 바꾼다, 어크로스, 2012
52. 이케아 제국의 창업자 故 잉그바르 캄프라드, 볼품 없는 학력에도 혁신경영 역사 쓰다, 중앙시사매거진, 2018.2.12.

| 그림 출처 |

[Chapter 1]

• 미국 '서바이버' 방송 장면
http://www.realitytea.com/2018/05/25/top-survivor-winners-of-all-time-updated-through-season-36/

[Chapter 5]

• BCG 매트릭스
http://www.milnerltd.com/news/using-the-bcg-matrix-for-effective-portfolio-management/

• 조하리의 창
http://www.xplaner.com/johariwindow/

[Chapter 7]

• 바다 끓이기
https://medialabamsterdam.com/workspaces2020-nl/2015/02/26/translate-session-1-dont-try-to-boil-the-ocean/

[Chapter 8]

• 아담의 창조
https://m.blog.naver.com/PostView.nhn?blogId=libidota2&logNo=220518886268&proxyReferer=https%3A%2F%2Fwww.google.com%2F

• 천지창조
http://acesweeklyblog.com/wp-content/uploads/2014/10/Sistine-Chapel-ceiling-1.jpg

• 심우
http://okryeon.org/sub3_03/2709

• 견적
http://okryeon.org/sub3_03/2710

• 견우
http://okryeon.org/sub3_03/2713

• 득우
http://okryeon.org/sub3_03/2716

• 목우
http://okryeon.org/sub3_03/2718

• 기우귀가
http://okryeon.org/sub3_03/2719

• 망우존인
http://okryeon.org/sub3_03/2720

• 인우구망
http://okryeon.org/sub3_03/2721

• 반본환원
http://okryeon.org/sub3_03/2722

• 압전인수
http://okryeon.org/sub3_03/2723

[Chapter 10]

• 의우도
https://m.blog.naver.com/PostView.nhn?blogId=ths888888&logNo=140195960562&proxyReferer=https%3A%2F%2Fwww.google.com%2F

• 스누피 만화
https://i.pinimg.com/originals/77/3d/cf/773dcf27113228aff31acbe4244b9c35.jpg

• 먼나라 이웃나라 중 프랑스편
http://theqoo.net/talk48/100251978

• 카드뉴스 예시
http://news.mk.co.kr/newsRead.php?sc=50400002&year=2018&no=156166

• 영화 〈러브 액츄얼리〉의 한 장면
https://www.independent.co.uk/arts-entertainment/art/the-one-thing-you-didnt-notice-in-love-actually-a6755531.html

[Chapter 14]
• 스케치 사례
http://attheagora.blogspot.com/2012/12/agrippa-after-gerome-and-bargue.html

• 벨라스케스의 〈시녀들〉 1656년 作
https://ko.wikipedia.org/wiki/%EC%8B%9C%EB%85%80%EB%93%A4

• 피카소의 〈시녀들〉 1957년 作
https://m.blog.naver.com/PostView.nhn?blogId=heasungpak&logNo=220735438692&proxyReferer=https%3A%2F%2Fwww.google.com%2F

[Chapter 16]
• 미니 쿠퍼 홍보
https://fineartamerica.com/featured/please-do-not-feed-tease-or-annoy-the-mini-teresa-zieba.html?product=greeting-card

• 지단과 마테라치
https://www.joe.co.uk/sport/marco-materazzi-finally-confirms-said-zinedine-zidane-72269

[Chapter 17]
• 2007년 스티브 잡스의 아이폰 출시 설명회
http://www.kinews.net/news/articleView.html?idxno=56915

• 영화 〈007〉 오프닝의 한 장면
http://jamesbond.wikia.com/wiki/File:Skyfall_-_Gun_Barrel.jpg

• 호날두의 오버헤드 킥
https://news.joins.com/article/22508525

[Chapter 19]
• 이케아 매장 전경
https://www.newsondot.com/news/India-could-be-the-new-market-to-bet-on---IKEA-62

[Chapter 20]
• 프랑스의 폭염
http://www.hankookilbo.com/mv/167c8f126c1b46399f3f0ec198198a51